COVID-19 E
UN NUOVO WELFARE

edizione: 1^ edizione - 9 marzo 2023

© autore: LUIGI LOLLI

ISBN 978-1-4478-0373-7

Indice

CAPITOLO 1
SANITÀ E SALUTE: l'impatto con l'urgenza COVID

Il diffondersi della pandemia di coronavirus *SARS-CoV-2* nel corso dell'inverno 2020, dapprima in Asia orientale, poi in Europa e successivamente nel resto del pianeta, ha rappresentato e continua tutt'oggi a costituire, a livello globale, una delle minacce piu importanti per la salute registrate negli ultimi decenni, almeno nel novero delle malattie infettive. L'Italia è stato uno dei Paesi piu precocemente e intensamente coinvolti. Già nell'estate 2020 i contagi nel nostro Paese erano oltre 234 mila e i decessi hanno superato le 33 mila unita. Erano numeri destinati ad aumentare, specie se i tentativi adottati per affrontare l'emergenza sanitaria non riuscirono a contenere stabilmente la propagazione del virus e gli allentamenti delle misure di distanziamento sociale implementate nei vari Stati, seppur secondo modalità differenti, provocheranno il riacuirsi della malattia e la nascita di nuovi focolai. A maggio 2020, il quadro clinico in lento ma costante miglioramento ha permesso l'avvio della cosiddetta fase 2 della gestione della malattia, eppure il bilancio delle vittime rimane tragico, con un significativo eccesso di mortalita rispetto all'atteso. A cio si aggiunga che il numero dei decessi che sono direttamente o indirettamente imputabili al virus e sicuramente sottostimato. In questo conteggio vengono infatti considerati unicamente i decessi avvenuti tra i casi di *COVID-19* diagnosticati, mentre non sono inclusi tutti i decessi per coronavirus che hanno riguardato individui non sottoposti a tampone. Mancano all'appello dei morti per questa pandemia, anche tutti gli esiti fatali di patologie diverse che si sarebbero potuti evitare o ritardare se la necessita di riallocare risorse materiali e umane del sistema sanitario verso l'assistenza *COVID-19* non avesse portato all'interruzione di importanti percorsi assistenziali e terapeutici. Se inoltre, si amplia lo sguardo ad altri esiti di salute, l'impatto rischia di divenire ancora piu oneroso, giacché e molto probabile che l'esperienza di malattia possa aver, piu o meno parzialmente, compromesso la funzionalità futura del sistema immunitario.

L'epidemia ha colpito violentemente le persone con maggiori fragilita, acuendo al contempo le significative disuguaglianze che affliggono il nostro Paese, come testimoniano i differenziali sociali riscontrabili nell'eccesso di mortalita causato dal *COVID-19*.

L'emergenza sanitaria ha messo in luce punti di forza e criticità del sistema sanitario. Le politiche di austerita adottate nel corso degli anni lo hanno reso piu efficiente, ma impreparato ad affrontare uno shock di domanda come quello imposto dalla pandemia. Il livello territoriale non e riuscito ad arginare l'emergenza con tempestivita e i casi di *COVID-19* si sono dovuti riversare negli ospedali che, a loro volta, si sono dimostrati in difficolta nel fronteggiare una simile pressione, a causa della costante diminuzione delle risorse economiche, del personale sanitario e dei posti letto subita nel corso degli ultimi decenni. Il protrarsi delle politiche di controllo della spesa sanitaria, secondo la Corte dei Conti1, ha fatto registrare tra il 2009 e il 2018 una riduzione, in termini reali, delle risorse destinate alla sanita particolarmente consistente, che ha acuito i divari in termini di spesa sanitaria pubblica pro capite. Secondo le stime dell'Ocse, nel 2018 la spesa pro capite in Germania e in Francia era, rispettivamente, doppia e superiore del 60 per cento a quella italiana. L'emergenza sanitaria ha certamente influenzato la quantita e il tipo di offerta del sistema sanitario. I primi dati disponibili, riferiti ad alcune regioni, testimoniano che i servizi sanitari regionali hanno reagito positivamente limitando l'offerta ordinaria, rinviando gli interventi programmati differibili e scoraggiando la domanda non urgente.

La prima parte di questo capitolo documenta l'impatto dell'epidemia sulla salute, sull'assistenza sanitaria e sulle disuguaglianze sociali; la seconda parte illustra invece lo stato del sistema sanitario all'inizio della pandemia. Infine, la terza parte si sofferma sulla condizione di vita e di salute della popolazione anziana, quella piu colpita dalla pandemia.

CAPITOLO 2
IMPATTO DELL'EPIDEMIA SULLA MORTALITÀ

Nel nostro Paese, il primo segnale della pandemia e stato confermato il 20 febbraio 2020.

Si tratta del cosiddetto caso zero, a partire dal quale si e assistito a una trasmissione locale

che si e diffusa con grande velocita, dapprima in Lombardia e poi in molte Regioni del

Nord, fino a raggiungere quelle del Centro. La propagazione ha interessato in maniera piu

contenuta il Sud e le Isole, frenata dalle iniziative volte alla prevenzione, con la chiusura

di molte attivita produttive, il blocco della circolazione delle persone e le misure di

"distanziamento sociale".

Il numero dei contagi ha toccato (al 4 giugno) 234 mila unita, il 54,1% tra le persone di

sesso femminile; i piu colpiti sono gli anziani e l'eta mediana dei contagiati e di 62 anni.

Quasi il 39% dei casi ha interessato la fascia di eta degli ultrasettantenni, circa il 31%

quella compresa tra i 51 e i 70 anni, oltre il 28% la fascia adulta tra i 19 e i 50 anni e poco

piu del 2% il gruppo con meno di 18 anni.

Il prezzo pagato in termini di vite umane ha pochi precedenti nella storia del nostro

Paese, con una letalita piu elevata per i soggetti di sesso maschile in tutte le fasce di eta,

ad eccezione della fascia 0-19 anni. La diffusione dell'epidemia e disomogenea sul

territorio, molto contenuta nelle Regioni del Sud e nelle Isole, mediamente piu elevata in

quelle del Centro rispetto al Mezzogiorno e molto elevata nelle regioni del Nord. Il 75%

dei casi segnalati e l'82% dei decessi si localizzano nelle province definite a diffusione

"alta", il 17% dei casi e il 13% dei morti in quelle a diffusione "media" e,

rispettivamente, l'8% e il 5% nelle province a diffusione "bassa". Il 39% del totale dei

decessi riguarda le donne e questa proporzione e leggermente piu alta nel complesso delle

province "a diffusione media" (43%).

Il tasso di mortalita per *COVID-19* e molto piu elevato nelle aree a "diffusione alta" della malattia. Se si considerano i tassi standardizzati, che consentono di effettuare confronti tra province al netto delle differenze nella struttura per eta, si puo calcolare che in queste aree il tasso di mortalita per *COVID-19* e pari a 84,1 decessi ogni 100.000 residenti, mentre per quelle a diffusione "media" si raggiunge solamente il 20,2 e in quelle a diffusione "bassa" il valore si riduce a 5,7 decessi.

L'incremento complessivo dei decessi e la conseguenza piu drammatica degli effetti della epidemia. Tuttavia, i dati disponibili forniscono solo una misura parziale di tale incremento, riferendosi ai soli casi di persone decedute dopo una diagnosi microbiologica di positivita al virus ed essendo influenzati dalle modalita di classificazione delle cause di morte.

Una misura universale dell'impatto dell'epidemia sulla mortalita della popolazione e data dall'eccesso dei decessi, per il complesso delle cause, risultanti dal confronto, a parita di periodo, dei dati 2020 con la media del quinquennio precedente (2015-2019). In tal modo si assume implicitamente che la diffusione dell'epidemia produca un aumento dei decessi anche non direttamente riferibili al *COVID-19*, ovvero al numero di casi positivi deceduti.

Dall'analisi regionale spicca l'incremento piu marcato dei decessi in Lombardia: si passa da una diminuzione del 6,9% nel periodo gennaio-febbraio 2020 – rispetto alla media nello stesso periodo 2015-2019 – a un aumento del 188% nel mese di marzo; seguono l'Emilia-Romagna,

con un aumento a marzo del 71%, il Trentino Alto-Adige (69,5%), la Valle d'Aosta (60,9%), la Liguria (54,3%), il Piemonte (51,6%) e le Marche (48,9%). A livello provinciale, all'interno della classe ad alta diffusione dell'epidemia, le aree piu colpite hanno pagato un prezzo altissimo, con incrementi percentuali a tre cifre dei decessi nel mese di marzo 2020 rispetto al 2015-2019: Bergamo (571%), Cremona (401%), Lodi (377%), Brescia (292%), Piacenza (271%), Parma (209%), Lecco (184%), Pavia (136%), Pesaro e Urbino (125%) e Mantova (123%)

L'evoluzione giornaliera degli scostamenti dei decessi cumulati del 2020 dalla corrispondente media 2015-2019 nelle aree ad alta diffusione mostra chiaramente come la crescita si sia innescata tra la fine di febbraio e i primi giorni di marzo, aumentando poi rapidamente nel corso del mese.

L'eccesso di mortalita piu consistente si rileva per gli uomini di 70-79 e di 80-89 anni, per i quali i decessi cumulati dal primo gennaio al 30 aprile 2020 aumentano di oltre 52 punti percentuali rispetto allo stesso periodo della media 2015-2019; segue la classe di eta 90 e piu con un incremento del 48%. Per gli uomini piu giovani (50-59 anni) l'eccesso di mortalita e del 26%.

L'incremento della mortalita nelle donne e invece piu contenuto per tutte le classi di eta; raggiunge alla fine di aprile il 42% in piu della media degli anni 2015-2019 per la classe di eta 90 e piu, che e la maggiormente colpita. Segue la classe 80-89 anni, con un incremento del 35% e la 70-79 (31%). Tra le donne piu giovani (50-59 anni), i decessi sono aumentati del 12%

Nelle aree caratterizzata da minore intensita, l'eccesso di mortalita si sposta in avanti nel tempo ed e meno consistente. In particolare, nelle province a media diffusione dell'epidemia si e verificato uno scostamento, rispetto all'andamento pre-crisi, iniziato dopo la fine della seconda settimana di marzo; in particolare, si osserva un aumento dei decessi cumulati nelle eta piu anziane: per 90 anni e piu, al 30 aprile essi sono superiori di circa il 12%.

Per le province a bassa diffusione si osserva un eccesso di decessi solo per gli ultra 90-enni (3% in piu al 30 aprile).

L'impatto della pandemia sulla mortalita ha pochi altri esempi nella nostra storia.

Escludendo i periodi bellici, un importante rialzo di mortalita si e osservato, negli oltre 70 anni trascorsi dal secondo dopoguerra ad oggi, unicamente in un paio di occasioni. La prima nel 1956 Decessi maschili e femminili cumulati a partire dal primo gennaio per classe di eta per 100 decessi della stessa classe di eta in base alla media 2015-2019. Province con alto livello di diffusione *COVID-19*. Periodo: 20/02/2020-30/04/2020

CAPITOLO 3
SANITÀ E SALUTE DI FRONTE ALL'EMERGENZA *COVID-19*

Circa 50 mila morti in piu, concentrati nel periodo invernale; la seconda volta nel 2015, con un incremento di analoghe dimensioni su base annua (+50 mila), anche in questo caso in buona parte al diffondersi di virus influenzali in epoca invernale, cui si sono associati gli effetti letali di un'estate particolarmente torrida. Va anche tenuto conto che, nel rialzo di mortalita del 2015, le conseguenze drammatiche dell'influenza sui soggetti piu deboli furono verosimilmente accentuate da una improvvida riduzione delle vaccinazioni nei mesi precedenti. Di fatto, nel trimestre gennaio-marzo 2015 si registrarono, rispetto allo stesso periodo dei due anni adiacenti, circa 22 mila morti in piu a livello nazionale.

L'elevato numero di decessi osservato a causa del *COVID-19* avra, con molte probabilita, un impatto anche sulla speranza di vita. Immaginando che l'effetto *COVID-19* determini per tre mesi un costante incremento della probabilita di morte in corrispondenza delle eta piu anziane dell'ordine del 50%, per il 2020, si attenderebbero 73 mila morti in piu su base annua. In parallelo, la speranza di vita alla nascita scenderebbe a 82,11 anni (-0,87) e quella al 65° compleanno si ridurrebbe da 20,89 a 20,02.

Una delle determinanti della localizzazione e delle diverse intensita con le quali e avvenuta la diffusione sul territorio dell'epidemia e rappresentato dalla mobilita per lavoro. L'analisi della mortalita con riferimento alla geografi a dei sistemi locali del lavoro (SL), consente di descrivere l'impatto dell'epidemia di *COVID-19* sulla base di una caratterizzazione del territorio che rappresenta i sistemi urbani giornalieri, ovvero quei luoghi nei quali le persone lavorano e intrattengono la maggior parte delle proprie relazioni sociali ed economiche. Tale caratterizzazione tiene conto dell'insieme delle reti, degli scambi e dei flussi tra persone in un'ottica molto diversa da quella che defi nisce i confi ni amministrativi.

I tassi di mortalita per *COVID-19* piu elevati si localizzano nei SL di Albino (45,2x10.000 abitanti), Canazei (40,9), Zogno (35,4), Orzinuovi (34.3), Clusone (34.1), Lodi (30,5), Cremona (29,6), Piacenza (29,1) e Fiorenzuola d'Arda (29,0). Livelli alti e molto alti si osservano esclusivamente nei SL del Nord del paese, in particolare nell'area lombarda a cui se ne aggiungono alcuni del Trentino Alto-Adige, dell'Emilia-Romagna, e sporadicamente di Valle d'Aosta, Piemonte e Veneto. I SL nei quali non e stato registrato alcun decesso *COVID-*

19 si concentrano lungo la dorsale appenninica e nelle aree interne del paese, ovvero in quelle localita distanti da grandi centri di agglomerazione e di servizio e con traiettorie di sviluppo instabili; sono inoltre SL significativamente piu piccoli in termini di popolazione.

Come si e anticipato, la diffusione del contagio e la mortalita hanno sicuramente una relazione con il livello di intensita relazionale dei flussi nei SL3. I dati confermano l'ipotesi che il fenomeno abbia una tendenza a crescere con l'aumentare dei flussi e i livelli piu elevati della mortalita4 *COVID-19* si osservano nei territori in cui l'intensita delle relazioni e maggiore

CAPITOLO 4
DISUGUAGLIANZE SOCIALI NELLA MORTALITÀ AI TEMPI DEL *COVID-19*

Al fine di valutare l'impatto della pandemia sulle diseguaglianze sociali nella mortalita in Italia, e stata costruita una coorte longitudinale a partire dalla popolazione residente nel Paese al 1 gennaio 2019 alla quale e stata aggiunta l'informazione sullo stato in vita nel periodo tra il 1 gennaio 2019 ed il 31 marzo 2020. L'analisi sulle disuguaglianze si e basata sul livello di istruzione che e riconosciuto come la migliore *proxy* della condizione socioeconomica, essendo correlato con la condizione occupazionale e la classe sociale. I confronti sono stati effettuati considerando i tassi di mortalita standardizzati per mese e per livello di istruzione e il rapporto tra i tassi standardizzati degli individui con livello basso di istruzione e degli individui con livello alto.

Il nostro Paese e caratterizzato da significative disuguaglianze di salute tra i diversi gruppi sociali e a livello territoriale. L'effetto di queste differenze si manifesta sull'aspettativa di vita, sui livelli di mortalita e sulla cronicita. La crisi sanitaria dovuta al *COVID-19* ha richiamato l'attenzione su queste differenze, destando preoccupazione rispetto alla possibilita che gli svantaggi di salute dei gruppi di popolazione piu vulnerabili, gia molto significativi, possano acuirsi ulteriormente.

Le analisi confermano questa ipotesi. Nel marzo 2020 e, in particolare, nelle aree ad alta diffusione dell'epidemia, oltre a un generalizzato aumento della mortalita totale, si osservano maggiori incrementi dei tassi di mortalita, in termini tanto di variazione assoluta quanto relativa, nelle fasce di popolazione piu svantaggiate, quelle che gia sperimentavano, anche prima della epidemia, i livelli di mortalita piu elevati.

Uno scarso livello di istruzione, poverta, disoccupazione e lavori precari influiscono negativamente sulla salute e sono correlati al rischio di insorgenza di molte malattie (ad es. quelle cardiovascolari, il diabete, le malattie croniche delle basse vie respiratorie e alcuni tumori), che potrebbero aumentare il rischio di contrarre il *COVID-19* e il relativo rischio di morte.

Se si considera l'andamento della mortalita nei mesi compresi tra il 1° gennaio 2019 e il 31 marzo 2020, si puo osservare come i tassi di mortalita mostrino oscillazioni mensili, con valori piu elevati nei mesi invernali. Le persone con un basso livello di istruzione presentano un livello di mortalita sempre piu elevato. Il rapporto standardizzato di mortalita (RM), che misura l'eccesso di morte dei meno istruiti rispetto ai piu istruiti, e intorno a 1,3 per gli uomini e a 1,2 per le donne e non si osservano oscillazioni di rilevo nei diversi mesi, a indicare che le diseguaglianze sociali nella mortalita rimangono pressoche invariate.

Il mese di marzo 2020 costituisce una eccezione, sia per il repentino aumento dei tassi di mortalita, sia per un incremento del differenziale dovuto alle diseguaglianze sociali nelle aree ad alta diffusione dell'epidemia, piu marcato per le donne: il RM varia negli uomini da 1,23 di marzo 2019 al 1,38 di marzo 2020 e nelle donne da 1,08 a 1,36.

Dall'analisi per classi di eta emerge un aumento del rapporto di mortalita negli individui con livello di istruzione basso rispetto al livello alto nella classe di eta 65-79 anni nelle aree con alta diffusione dell'epidemia, sia per gli uomini (da 1,28 a 1,58), sia per le donne (da 1,19 a 1,68) (Tavola 2.3). Per queste ultime, emergono aumenti di rilievo anche nella classe di eta lavorativa (35-64 anni), con il rapporto che passa da 1,37 a 1,76. Non si osservano invece delle variazioni significative rispetto al 2019 nella popolazione piu anziana (≥80). A livello territoriale risultati molto simili si hanno per la Lombardia, la piu colpita dall'epidemia *COVID-19*.

E interessante notare che nel mese di marzo 2020 l'incremento degli RM non si registra nelle aree a bassa diffusione del virus, in nessuna delle classi di eta considerate.

L'epidemia *COVID-19* ha dunque acuito le diseguaglianze preesistenti, con un maggiore impatto sulle persone con basso titolo di studio, non necessariamente anziane. A questo proposito, merita particolare attenzione il caso delle donne di 35-64 anni meno istruite, presso le quali si osserva un aumento del 28 per cento del RM rispetto alle altre.

Le differenze possono essere imputate a un rischio piu elevato di contrarre l'infezione o a una maggiore vulnerabilita preesistente della popolazione con condizioni socioeconomiche piu sfavorevoli.

Condizioni socioeconomiche svantaggiate espongono le persone ad una maggiore probabilita di vivere in alloggi piccoli o sovraffollati, riducendo la possibilita di adottare le misure di distanziamento sociale. Inoltre, alcune occupazioni piu di altre espongono i lavoratori al rischio di contagio. Tra queste ci sono ovviamente le professioni sanitarie, ma anche occupazioni che non offrono opportunita di lavoro da casa o che non godono delle necessarie tutele, come i lavori in agricoltura, nella vendita al dettaglio e nella grande distribuzione, nel trasporto pubblico, i servizi di pulizia, di assistenza e cura dei bambini e degli anziani.

Va anche considerato che la popolazione con un basso livello di istruzione ha una maggiore probabilita di avere condizioni di lavoro e di reddito instabili, fattori stressogeni, che, esacerbati dalla pandemia da *COVID-19* e dal distanziamento sociale, possono aver contribuito all'aumento della mortalita anche non direttamente legata all'infezione. E noto come le condizioni di stress possano indebolire il sistema immunitario, aumentare la suscettibilita a malattie e la probabilita di adottare comportamenti a rischio per la salute. La poverta, pertanto, non solo puo aumentare l'esposizione al virus, ma anche ridurre la capacita del sistema immunitario di combatterlo.

Infine, la maggiore prevalenza di malattie croniche, tra cui le malattie cardiovascolari, l'obesita e il diabete nella popolazione con condizioni socioeconomiche piu svantaggiate ha probabilmente contribuito ad ampliare le diseguaglianze legate all'infezione da

COVID-19

CAPITOLO 5
IMPATTO *COVID-19* SULL'ASSISTENZA OSPEDALIERA

Per monitorare gli effetti sanitari collaterali della pandemia, sette regioni hanno attivato

un progetto di rilevazione tempestiva di alcuni indicatori di ricorso all'ospedale, basato

sui sistemi informativi regionali del Pronto Soccorso (PS) e delle dimissioni ospedaliere

(SDO) (Piemonte, Lombardia, Emilia-Romagna, Toscana, Lazio, Puglia e Sicilia). Queste

regioni sono rappresentative delle tre diverse situazioni di diffusione dell'infezione

(Nord, Centro e Sud e isole). Gli indicatori selezionati per le analisi, in parte gia oggetto

di monitoraggio all'interno del Programma nazionale esiti (PNE), descrivono tre

categorie di fenomeni: eventi acuti con accesso in pronto soccorso, eventi acuti con

ricovero ospedaliero e chirurgia elettiva.

La pandemia ha avuto un significativo impatto sulla quantita e il tipo di offerta del

sistema sanitario e ne potrebbe influenzare la dinamica e l'organizzazione anche in

futuro. I primi dati disponibili sull'assistenza ospedaliera mostrano come, in risposta allo

stress della domanda correlata al *COVID-19*, tutti i servizi sanitari regionali hanno

reagito, come si e gia detto, limitando l'offerta ordinaria, rinviando gli interventi

programmati differibili e scoraggiando la domanda non urgente. Il timore del contagio ha

avuto un ruolo importante nel limitare la domanda. L'inevitabile redistribuzione di risorse

e una temporanea riorganizzazione dei percorsi di cura potrebbero avere gia avuto un

impatto sulla salute dei cittadini, in termini di ritardi diagnostici e di trattamento. Le

preoccupazioni maggiori riguardano le patologie cardiovascolari ed oncologiche, per la

riconversione di reparti, la riduzione delle attivita chirurgiche e la sospensione delle

COVID-19 E UN NUOVO WELFARE

attivita ambulatoriali su prenotazione, in aggiunta alla necessita di garantire ai pazienti di essere protetti dal rischio di infezione.

In sintesi, dai dati emerge con chiarezza che nel mese di marzo sono diminuiti sensibilmente il ricorso al pronto soccorso dei casi non urgenti e il numero totale dei ricoveri totali, ma e cambiato il mix di cause di ricovero, con il picco di ricoveri per *COVID-19* che hanno anche modificato la durata media della degenza; sono diminuiti i ricoveri per patologie ischemiche di cuore e per malattie cerebrovascolari, ma e rimasta invariata la capacita di riduzione dei ricoveri a partire dall'ultima settimana di febbraio, che raggiunge il 40% alla fine di marzo (rispetto al biennio 2018-2019); il fenomeno e meno accentuato in Toscana ed in Sicilia.

Tuttavia, in quasi tutte le regioni, nel primo trimestre 2020 le ospedalizzazioni per infarto miocardico grave sono inferiori all'analogo periodo del biennio di confronto; non e quindi possibile, al momento, affermare con certezza che il calo di ricoveri per questa causa sia direttamente attribuibile alla crisi *COVID-19*. L'incidenza di ricoveri in UTIC e di pazienti trattati con angioplastica entro 90 minuti e rimasta invariata, indicando che le trasformazioni di offerta e organizzazione ospedaliera legate alla pandemia non sembrano aver compromesso la capacita di risposta rapida a situazioni cliniche che richiedono tempestivita di intervento.

Tutte le regioni registrano una riduzione del numero di ricoveri per ictus ischemico, che, nelle ultime settimane di marzo, e di circa il 30% inferiore rispetto agli anni precedenti. Unica eccezione, la Sicilia, che a fine marzo presenta una riduzione del 60%. Anche in questo caso, tuttavia, il primo trimestre 2020 si presenta, pur con alcune variazioni geografiche, come un periodo con meno ricoveri per questa causa rispetto a gli anni precedenti gia nei primi due mesi dell'anno, cioe prima che si diffondesse l'allarme per la pandemia, soprattutto in Piemonte, Puglia e Sicilia.

Nel campo della chirurgia elettiva, sono stati analizzati il volume degli interventi chirurgici programmati e il numero di alcuni gruppi di interventi, in particolare in campo oncologico e Interventi chirurgici programmati: confronto I trimestre 2020 - I trimestre 2018-

2019, per regione. Valori giornalieri e variazioni % ortopedico. Nella prima parte del primo trimestre 2020, gli interventi chirurgici programmati sono stati effettuati con la stessa frequenza osservata nel biennio precedente, ma con l'inizio della pandemia si sono rapidamente ridotti, fino a segnare un calo dell'80%.

Le regioni si differenziano per l'inizio della discesa, che corrisponde ai tempi di esordio della pandemia nelle diverse regioni: in Lombardia il 24 febbraio, Piemonte e Toscana a partire dal 6 marzo, e Puglia e Sicilia con pochi giorni di ritardo.

Per quanto riguarda la chirurgia oncologica, il basso numero dei casi non consente l'analisi settimanale delle singole sedi, ad eccezione degli interventi alla mammella, per i quali si osserva una riduzione di circa il 20% nel mese di marzo, con picchi fino al 40% nell'ultima settimana. Pur con le cautele necessarie per numerosita esigue, in Sicilia si rileva una riduzione complessiva di interventi in tutto il trimestre.

Presi nel loro insieme, gli interventi oncologici, presentano, in Piemonte, Toscana e Puglia andamenti in gran parte sovrapponibili al biennio precedente, con una riduzione nel mese di marzo 2020 corrispondente quasi interamente all'effetto del calo degli interventi alla mammella sopra citato. Sembra quindi che in queste regioni gli interventi che interessano le altre sedi tumorali, per le quali l'intervento e meno procrastinabile, non abbiano risentito delle alterazioni provocate dalla pandemia. Nelle altre due regioni, invece, si osservano scarti maggiori anche sull'indicatore degli interventi nel loro insieme

(solo a marzo in Lombardia e in tutto il periodo in Sicilia), le cui spiegazioni e

implicazioni dovranno essere approfondite in futuro.

CAPITOLO 6
IL SERVIZIO SANITARIO NAZIONALE PRIMA DELL'EMERGENZA *COVID-19*

L'emergenza sanitaria che il Paese sta sperimentando a causa della pandemia da *COVID-19* ha messo a dura prova il Servizio Sanitario Nazionale, sottoponendo a una pressione eccezionale e prolungata le strutture e l'organizzazione del sistema. L'assistenza sul territorio ha stentato ad arginare e circoscrivere tempestivamente il diffondersi dei contagi e la pressione si e scaricata velocemente sugli ospedali, che hanno rischiato il collasso, soprattutto nei reparti di terapia intensiva. Anche gli operatori sanitari sono stati sottoposti a uno stress intenso, a causa di turni di lavoro pesanti e a rischi gravi, per l'elevata probabilita di contagio.

La difficolta di contenere la pandemia attraverso l'azione sul territorio mette in discussione l'efficienza organizzativa di un sistema molto incentrato sull'assistenza ospedaliera e con un presidio del territorio troppo debole. Tale modello organizzativo trova corrispondenza nell'allocazione delle risorse ai diversi livelli di assistenza sanitaria: un'ampia quota e assegnata all'assistenza

ospedaliera, mentre all'assistenza sul territorio ne spetta una decisamente inferiore. Il nostro modello dominante emerge anche dal confronto con gli altri Paesi dell'UE: l'Italia impegna complessivamente per la sanita pubblica il 6,5% del Pil, molto meno del 9,5% impiegato dalla Germania, 9,3% dalla Francia e del 9,2% dalla Svezia ed e al 12° posto nella graduatoria dei Paesi UE). La maggior parte di queste risorse, in Italia, e allocata per l'assistenza ospedaliera, alla quale va il 3,8%, il che ci colloca al 5° posto in Europa, dietro Danimarca (4,2%), Francia, Svezia e Norvegia (4,1%). La quota di risorse destinate dal nostro Paese all'assistenza sul territorio e pari all'1,2% del Pil, cosa che ci vale il 15° posto nell'UE: un impegno finanziario molto basso, se confrontato con la Germania (2,9%), il Belgio (2,7%) e la Danimarca (2,3%).

Tali differenze, seppur condizionate dalle peculiarita dei sistemi sanitari, forniscono una indicazione sulle scelte allocative e le priorita del nostro Servizio Sanitario Nazionale. Una epidemia da virus senza scudo vaccinale e un evento eccezionale e non prevedibile, ma non improbabile, dato che negli ultimi vent'anni si sono verificati due eventi simili (*SARS* e *MERS*), seppure con contagiosita e gravita meno severe. L'emergenza sanitaria interviene a valle di un lungo periodo in cui il Servizio Sanitario Nazionale e stato fortemente ridimensionato nelle risorse finanziarie, causando la un pesante indebitamento a carico delle Regioni. Piu di recente, l'aumento graduale del finanziamento ha consentito il consolidamento del debito accumulato, dando respiro alla spesa sanitaria, che si e mantenuta sostanzialmente stabile, non ostante la domanda crescente di cure, dovuta all'invecchiamento della popolazione. Gli strumenti utilizzati per il controllo della spesa sono stati, principalmente, la contrazione delle prestazioni, il riordino della rete ospedaliera, la riduzione dei posti letto e del personale sanitario.

A confronto con gli altri Paesi dell'UE, l'Italia mostra un deficit di personale infermieristico. Disponiamo infatti di 58 infermieri ogni 10 mila residenti, circa la meta di quelli della Germania e Francia, collocandoci al 16° posto nella graduatoria europea. Un'altra tendenza negativa e la riduzione della spesa per investimenti delle Aziende sanitarie: questa posta di bilancio si e ridotta dai 2,4 miliardi del 2013 a poco piu di 1,4 miliardi del 2018. Questa minore disponibilita non ha avuto tanto una conseguenza diretta sulla dotazione di apparecchiature, quanto sulla sua obsolescenza, cosicche le strutture sanitarie si sono trovate a lavorare con un parco tecnologico non sempre al passo con l'innovazione.

Un prezzo che la sanita pubblica ha pagato all'austerita e stato anche quello di non riuscire ad assicurare uniformita di salute e di opportunita di accesso alle cure sull'intero territorio nazionale e per tutte le categorie sociali. Purtroppo, si tratta di una circostanza che disattende.

CAPITOLO 7
SANITÀ E SALUTE DI FRONTE ALL'EMERGENZA *COVID-19*

Uno dei principi che ha ispirato proprio la legge che ha istituito il Servizio Sanitario Nazionale è la legge n.833 del 1978 (art 2 e 4).

Nonostante le difficolta economiche, il Servizio Sanitario Nazionale e riuscito pero a mantenere risultati di salute lusinghieri in molti settori, ad esempio nella sopravvivenza dei pazienti oncologici, e a concorrere ad alimentare la aspettativa di vita media, per la quale il nostro Paese vanta livelli tra i piu elevati al mondo, anche grazie al concorso di altri fattori protettivi per la salute, come la dieta mediterranea o la rete di supporto famigliare.

I regimi di finanziamento volontari includono le seguenti componenti: le assicurazioni sanitarie volontarie per le quali si considera, al momento, la sola parte relativa alle assicurazioni nel ramo malattia; la spesa finanziata da istituzioni senza scopo di lucro; la spesa finanziata da imprese, che si riferisce alla spesa che le imprese sostengono per la promozione della salute nei luoghi di lavoro.

CAPITOLO 8
FINANZIAMENTO E SPESA

Il finanziamento del SSN e passato da 93 miliardi nel 2006 a 115,6 miliardi nel 2018.

L'aumento delle risorse e le misure di contenimento della spesa attuate a livello centrale

hanno rallentato la dinamica espansiva del debito delle Regioni; dal 2006 al 2018 la spesa

sanitaria pubblica, a prezzi correnti, e cresciuta dell'1% medio annuo, con un ritmo

decisamente inferiore rispetto a quello delle risorse assegnate. Gli effetti sono stati

tangibili e si e passati da un deficit di 6 miliardi nel 2006 a 1,2 miliardi nel 2018.

Il finanziamento e passato da 1.580 euro pro capite del 2006 a 1.911 del 2018. In

generale, le regioni del Nord dispongono di maggiori risorse: nel 2018, Emilia-Romagna

e Liguria ricevono circa 2 mila euro pro capite, Calabria e Campania, all'estremo

opposto, poco piu di 1.700 euro. Nel nostro Paese, la spesa sanitaria pubblica ha

sperimentato una dinamica caratterizzata da due fasi. Nella prima, che va dal 1995 al

2009, e cresciuta a un ritmo piu sostenuto dell'economia,con un tasso di aumento medio

annuo del 6,1%, a fronte del piu modesto 3,4% registrato dal Pil nominale. La spesa

sanitaria privata ha mantenuto una dinamica piu moderata, pari al 3,3%, svolgendo un

ruolo sostanzialmente complementare rispetto all'assistenza pubblica.

La crescita sostenuta e i forti disavanzi che si sono accumulati hanno spinto, dal 2006,

all'introduzione

dell'obbligo per le Regioni di predisporre piani di rientro dal debito, fino a prevedere il

commissariamento per quelle con deficit eccessivo. Dal 2007 sono stati introdotti i super

ticket, cioe una compartecipazione degli utenti, aggiuntiva a quella dei normali ticket, per

contribuire alla spesa farmaceutica e specialistica.

Gli effetti degli interventi normativi, soprattutto quello sui piani di rientro delle Regioni, la crisi economica del 2008, e le spinte successive alla correzione degli squilibri della finanza pubblica hanno favorito il forte rallentamento della spesa osservato negli ultimi anni. Dal 2010 al 2018 la spesa sanitaria pubblica e aumentata di un modesto 0,2% medio annuo, decisamente inferiore all'incremento del Pil nominale, che e stato dell'1,2%. Al rallentamento della componente pubblica ha corrisposto una crescita piu sostenuta della spesa privata delle famiglie, che in questo periodo e aumentata in media del 2,5% annuo, assumendo un ruolo supplementare rispetto all'assistenza pubblica.

Nel 2018, la spesa sanitaria complessiva, pubblica e privata, sostenuta dalle famiglie, ammonta a 155 miliardi di euro, dei quali il 74,2% a carico della componente pubblica, il 23,1% delle famiglie, mentre la quota residuale (del 2,7%) e coperta dai regimi di finanziamento volontari8. Le principali quote di competenza pubblica sono allocate per il 36% all'assistenza ospedaliera, per il 18,2% all'assistenza ambulatoriale per cura e riabilitazione, per il 14,7% alla farmaceutica, per il 10,8% all'assistenza sanitaria di lungo termine e l'8,1% e destinato ai servizi ausiliari e altre tipologie di assistenza. Le principali componenti della spesa sanitaria privata a carico delle famiglie sono l'assistenza ambulatoriale per cura e riabilitazione (38%), la farmaceutica (28,8%), l'acquisto o affitto di apparecchi terapeutici ed altri presidi medici durevoli (9,1%). Il settore pubblico si fa carico del 96,2% dell'assistenza ospedaliera, di tutta la spesa per l'assistenza diurna di lungo periodo in ospedale e di oltre il 75% dell'assistenza di lungo termine. La spesa sanitaria destinata l'acquisto di farmaci e di apparecchiature terapeutiche e sostenuta per il 42,9% dalle famiglie. All'interno di questa voce, la quota sale addirittura al 74,1% per la componente di spesa legata all'acquisto o noleggio di apparecchiature terapeutiche. Altre funzioni di spesa a carico delle famiglie sono l'assistenza ambulatoriale e quella ospedaliera di lungo termine, alle quali

contribuiscono, rispettivamente, per il 38,3% e il 33,1% della spesa complessiva. I

finanziamenti volontari coprono principalmente le spese per l'assistenza domiciliare, la

cura e la riabilitazione, per le quali partecipano per il 12,6% della spesa complessiva

CAPITOLO 9
L'OFFERTA DEL SERVIZIO SANITARIO NAZIONALE

Nel comparto della Sanita lavorano nel 2018 (ultimo anno per cui sono disponibili i dati) circa 691 mila unita di personale, di cui quasi 648 mila dipendenti a tempo indeterminato e oltre 43 mila con rapporto di lavoro flessibile. Medici (16,6%) e personale infermieristico (41,1%), insieme, rappresentano piu della meta degli occupati di questo settore.

Il sostanziale rallentamento della spesa complessiva e dovuto principalmente alla diminuzione del personale sanitario. Rispetto al 2012, si e registrata una diminuzione del 4,9%, che ha riguardato anche i medici (-3,5%) e gli infermieri (-3,0%). Nel periodo 2012-2018, il personale nel comparto sanita ha fatto registrare una riduzione di 25.808 unita (-3,8%). I medici sono passati da 109 mila a 106 mila (-2,3%), il personale infermieristico da 272 mila a 268 mila (-1,6%).

La contrazione del personale e frutto di un turnover rimasto costantemente al di sotto del livello di rimpiazzo. Nel 2014 sono stati assunti 80 dipendenti ogni 100 usciti, nel 2015 il rapporto e stato 70 ogni 100, nel 2017 sono stati sostituiti 98 dipendenti ogni 100. Le riduzioni di personale sono state particolarmente consistenti nelle Regioni in piano di rientro.

Un altro contributo alla riduzione della spesa per il personale e stato dato dal blocco delleprocedure contrattuali e da altri limiti sugli aumenti retributivi10, in forza dei quali tra il 2014 e il 2017 l'incidenza della spesa per personale dipendente del SSN sulla spesa sanitaria totale si e ridotta dal 31,4% al 30,1%.

Una conseguenza dello scarso turnover del personale sanitario e l'aumento dell'eta media dei dipendenti del SSN, salita a 50,7 anni nel 2018. L'eta media degli uomini e piu alta di quella delle donne: 52,3 anni contro 49,9.

Tra i medici il 60,4% degli uomini ha piu di 55 anni, mentre quasi quattro su dieci superano i 60. La situazione anagrafica e diversa per le donne: solo il 36% ha piu di 55 anni e circa la meta ha un'eta compresa tra 40 e 55 anni. Tra gli infermieri, uno su quattro e over 55 e l'eta media e pari a 48,2 anni. Il resto del personale, in media, e piu giovane: quasi un quarto ha meno di 45 anni (23,9% gli uomini; 25,5% le donne), mentre solo una donna su dieci e uno uomo su cinque superano i 60 anni di eta.

Il pensionamento del personale medico costituisce una prospettiva preoccupante per il futuro, visto che attualmente i medici di 55-59 anni sono circa 21 mila e oltre 30 mila quelli di 60-64 anni. Ci si puo attendere un esodo di queste figure centrali della sanita, mentre la mancata programmazione degli accessi ai corsi di specializzazione di medicina mette a rischio la copertura del fabbisogno delle professionalita necessarie.

Al 31 dicembre del 2019 l'Italia poteva contare su 66.481 medici specialisti nell'area dell'emergenza,

delle malattie infettive, delle malattie dell'apparato respiratorio o cardiovascolaree della medicina interna. Questi professionisti costituiscono circa il 35% del totale dei medici specialisti. Lavora negli ospedali l'81,3% degli specialisti: questa quota scende al 75,4% per le malattie cardiovascolari, 75,8% per gli internisti, 76,6% per gli specialisti delle malattie dell'apparato respiratorio; sale al 84,0% per gli specialisti delle malattie infettive, 85,9% per l'area dell'emergenza, 90,5% per gli anestesisti.

Rispetto al 2012, la dotazione complessiva di questi specialisti e aumentata del 5,2%, con differenze per tipo di specializzazione: anestesisti +13,3%, specialisti dell'emergenza

+9,8%, specialisti delle malattie dell'apparato cardiovascolare +7,4%; si e ridotta del

8,3% la gia esigua dotazione di medici specialisti delle malattie infettive e tropicali.

31

CAPITOLO 10
SANITÀ E SALUTE DI FRONTE ALL'EMERGENZA *COVID-19*

Le regioni nelle quali la dotazione di specialisti e significativamente piu elevata della media nazionale (110 specialisti per 100 mila residenti) sono la Liguria (134), la Sardegna (125), il Lazio e la Toscana (121), mentre nelle province autonome di Bolzano/*Bozen* (86) e Trento (92), in Basilicata (94) e in Veneto (95) la dotazione è sotto la media.

CAPITOLO 11
L'OFFERTA DI ASSISTENZA TERRITORIALE

L'assistenza territoriale eroga un complesso di servizi e cure sanitarie di base, attraverso prestazioni di tipo medico e diagnostico e di altra assistenza fornita a domicilio, in strutture residenziali o semiresidenziali, a determinate categorie di pazienti (post-acuzie, anziani con limitazioni o persone con altri disagi). Questa tipologia di offerta e capillare sul territorio e ruota attorno alla figura del medico di medicina generale (MMG), che costituisce il principale riferimento e l'ordinatore di spesa per le cure di base del cittadino.

Nel 2018 il personale addetto alle cure primarie ammonta a circa 43 mila medici di medicina generale e 7.500 pediatri di libera scelta (PLS). Rispetto al 2012, i MMG sono diminuiti di 2.450 unita e i PLS di 157.

L'Italia dispone di 7,1 MMG ogni 10 mila residenti. A parte il caso estremo della Provincia autonoma di Bolzano/*Bozen*, con 5,2 MMG ogni 10 mila residenti, il tasso e piu basso in Lombardia (6,2) e piu elevato in Molise (8,7) e Basilicata (8,5). Rispetto al 2012, la dotazione si e ridotta mediamente del 6,8% e in maniera piu significativa nelle regioni del Centro-Nord e in Sardegna.

I PLS sono 9,3 ogni 10 mila bambini e adolescenti con meno di 15 anni; i valori piu bassi si registrano nella Provincia autonoma di Bolzano/*Bozen* e in Piemonte (7,5) e i piu elevati in Emilia-Romagna, Molise, Puglia, Sicilia e Sardegna (10,5-10,7).

Contrariamente ai MMG, la dotazione dei PLS e leggermente aumentata rispetto al 2012 (+1,8%). Questa tendenza e in parte determinata dalla diminuzione della consistenza delle giovani generazioni a seguito del calo delle nascite. L'incremento e particolarmente rilevante in alcune regioni meridionali (Molise, Campania, Puglia e Basilicata). In generale, la dotazione di MMG e di PLS e piu elevata della media nella maggior parte delle regioni meridionali.

CAPITOLO 12
SANITÀ E SALUTE DI FRONTE ALL'EMERGENZA *COVID-19*

La rete di cure primarie non si basa solo sull'attivita dei MMG e dei PLS, ma anche sui Servizi di continuita assistenziale (ex guardia medica), che garantiscono l'assistenza sanitaria ai cittadini quando gli ambulatori dei medici di base sono chiusi, per prestazioni non urgenti, ma non rinviabili al giorno successivo. I medici di continuita assistenziale in Italia sono 17.306, 2,9 ogni 10 mila residenti. La dotazione e molto variabile tra regioni: bassa nella Provincia autonoma di Bolzano/*Bozen* (0,8 per 10 mila residenti), Lombardia (1,4) e Veneto (1,8), alta in Basilicata (9,7), Calabria (8,8) e Molise (7,6).

L'offerta di strutture ambulatoriali che erogano assistenza clinica specialistica e diagnostica strumentale e gestita, sia direttamente dalle Asl, sia da privati in convenzione con il SSN.

Le strutture gestite dalle Asl, nel 2017, sono complessivamente 5,8 ogni 100 mila abitanti, in diminuzione rispetto al 2009, quando erano 6,4. In Liguria, l'offerta di queste strutture per 100 mila abitanti e di 17,2, in Valle d'Aosta 2,4. Le strutture gestite dal privato in regime di convenzione con il SSN sono 8,8 ogni 100 mila abitanti (erano 9,7 nel 2009). A livello regionale, si rileva una copertura molto elevata in Sicilia e Campania, rispettivamente con 24 e 20,4 ambulatori per 100 mila abitanti. Nelle regioni del Centro-Nord la presenza del privato convenzionato e molto inferiore e oscilla tra 2 e 7,5 strutture ogni 100 mila abitanti.

I dati non consentono di valutare in maniera adeguata l'offerta dell'assistenza territoriale, perche mancano informazioni circa la consistenza di personale e la dotazione strumentale. Per questo motivo e opportuno valutare questa tipologia di assistenza a partire dall'attivita degli ambulatori, cioe dalle prestazioni effettivamente erogate, in termini di visite specialistiche e accertamenti diagnostici. Nel corso degli anni, si e osservata una riduzione dell'assistenza ambulatoriale: nel 2017, sono state effettuate 1 miliardo e 257 milioni prestazioni, il 6,5% in meno di quelle effettuate nel 2009.

L'assistenza sociosanitaria e socio assistenziale e una tipologia di servizio che si colloca a cavallo tra le due funzioni del sistema di protezione sociale: sanitaria e assistenziale. Si tratta di prestazioni in natura che integrano l'attivita di cura, di pertinenza del Servizio Sanitario Nazionale13, con i servizi di carattere sociale destinati a persone in condizione di particolare fragilita, come anziani e persone con disabilita14.

In Italia, nel 2017, l'assistenza domiciliare integrata assiste 1.667 utenti ogni 100 mila abitanti, in sensibile aumento rispetto al 2009, quando ne prendeva in carico 888 ; questa tipologia di servizio e piu sviluppata in Veneto e Molise, dove vengono trattati, rispettivamente, 3.597 e 3.479 pazienti ogni 100 mila abitanti. E meno diffusa nella Provincia autonoma di Bolzano/ *Bozen* e in Valle d'Aosta nelle quali si assistono 219 e 262 pazienti ogni 100 mila residenti.

Le strutture semi residenziali hanno erogato 121 giornate di assistenza per utente, tale tipologia di offerta eroga un volume di assistenza mediamente piu elevato nelle regioni del Centro-Nord, con alcune eccezioni nel Mezzogiorno rappresentate dal Molise e Puglia. Le strutture residenziali offrono 656,4 posti letto per 100 mila abitanti con una maggiore concentrazione nelle regioni del Nord, mentre la disponibilita e sensibilmente piu bassa nel Centro e nel Mezzogiorno.

Una parte dell'assistenza socioassistenziale e sociosanitaria e fornita dai Presidi residenziali, strutture pubbliche o private che erogano ospitalita assistita con pernottamento e servizi di tipo socioassistenziale e/o sociosanitario a persone in stato di bisogno.

In Italia, nel 2018, sono poco piu di 12.200 le strutture residenziali socioassistenziali e sociosanitarie attive, per un totale di circa 425 mila posti letto. L'offerta di residenzialita e maggiore al Nord dove si trova il 56% delle strutture ed il 64% dei posti letto complessivi. Il Mezzogiorno si distingue invece per la minore dotazione di servizi residenziali (24% delle strutture e 22% dei posti letto). Le differenze territoriali di offerta sono significative, con il numero piu elevato di posti letto nella Provincia autonoma di Trento (15 posti letto ogni 1.000 abitanti) e quello piu basso in Campania (1,6 posti). L'offerta residenziale e costituita da strutture di varia natura, che seguono modelli organizzativi eterogenei e che svolgono diverse funzioni in base alle esigenze degli ospiti. Su tutto il territorio nazionale, la quota piu ampia dell'offerta e costituita da residenze di medie o grandi dimensioni con un'organizzazione di tipo comunitario. I presidi a carattere familiare rappresentano invece la quota residuale dell'offerta, ma con differenze territoriali piu marcate: al Nord solo il 3,5% dei posti letto si trova in strutture di tipo familiare, mentre al Centro tale percentuale sale all'11%.

La quota prevalente di posti letto e dedicata ad ospiti anziani (71% dei posti letto di cui il 56% per anziani non autosufficienti), mentre quelle riservate alle persone con disabilita (8%) e agli adulti con disagio sociale (7%) sono decisamente minoritarie.

Nel Nord, l'offerta e piu orientata alle persone socialmente fragili e in cattive condizioni di salute: l'84% dei posti letto si trova in strutture che svolgono una funzione di protezione sociale di tipo sociosanitario, garantendo assistenza medica e infermieristica di livello medio-alto.

Al Centro e nel Mezzogiorno, l'offerta di tipo sociosanitario resta prevalente, ma e piu

alta la proporzione di posti letto in strutture che offrono accoglienza abitativa a persone in

condizioni di disagio sociale e ad anziani autosufficienti (rispettivamente 14% e 35% *vs* il

7% dei posti letto del Nord) o che svolgono una funzione socioeducativa (rispettivamente

11% e 12% *vs* il 5% dei posti letto del Nord)

Nell'ambito della residenzialita occupano un ruolo prevalente i presidi che coniugano i

servizi di assistenza sanitaria con quelli di assistenza tutelare e alberghiera. Il 51% delle

residenze offre servizi sociosanitari ad adulti con disabilita o affetti da patologie

psichiatriche e ad anziani

non autosufficienti, per un totale di poco piu di 301 mila posti letto. Nel Nord queste

strutture hanno grandi dimensioni, con un numero medio di posti letto superiore a 40,

mentre nel resto del territorio hanno un numero medio di posti letto inferiore ai 30. I

professionisti sociosanitari che lavorano in queste strutture sono circa 264 mila, e l'86%

di essi e retribuito. Nell'insieme del personale retribuito, la componente sanitaria e

prevalente, e rappresenta il 70%, composto per il 45% da Operatori (OSS), per il 16% da

infermieri, per il 5% da operatori della riabilitazione, per il 4% da medici). La

componente sociale e rappresentata essenzialmente dagli addetti all'assistenza personale

(16% del personale sociosanitario retribuito).

CAPITOLO 13
GLI ANZIANI: I PIÙ COLPITI DALL'EMERGENZA SANITARIA

Come gia osservato, la pandemia da *COVID-19* ha colpito oltre 200 mila persone ed ha causato quasi 30 mila decessi, soprattutto tra le persone anziane, sulle cui storie di salute hanno interagito l'effetto diretto dell'infezione e la predisposizione delle diverse malattie compresenti in questa fascia di eta. Per questi motivi, quasi l'85% dei decessi ha riguardato persone di eta superiore ai 70 anni, oltre il 56% quelle sopra agli 80.

Per il nostro Paese, l'aumento della popolazione anziana rimane un vincolo e una risorsa, un processo ineludibile per la programmazione delle politiche e la sostenibilita dello stato sociale nel futuro. Un vincolo, per le implicazioni che il carico di malattia comporta in termini di fabbisogno di assistenza; una risorsa perche le persone anziane sono un valido supporto per le famiglie, alle quali spesso forniscono aiuto per la cura dei figli e per il ruolo redistributivo di natura intergenerazionale che svolgono con i loro redditi da pensione nei casi di disoccupazione o di perdita del lavoro dei piu giovani, contrastando cosi il rischio di poverta, soprattutto nelle regioni del Mezzogiorno.

CAPITOLO 14
IMPATTO *COVID-19* SULL'ASSISTENZA OSPEDALIERA

Per monitorare gli effetti sanitari collaterali della pandemia, sette regioni hanno attivato un progetto di rilevazione tempestiva di alcuni indicatori di ricorso all'ospedale, basato sui sistemi informativi regionali del Pronto Soccorso (PS) e delle dimissioni ospedaliere (SDO) (Piemonte, Lombardia, Emilia-Romagna, Toscana, Lazio, Puglia e Sicilia). Queste regioni sono rappresentative delle tre diverse situazioni di diffusione dell'infezione (Nord, Centro e Sud e isole). Gli indicatori selezionati per le analisi, in parte gia oggetto di monitoraggio all'interno del Programma nazionale esiti (PNE), descrivono tre categorie di fenomeni: eventi acuti con accesso in pronto soccorso, eventi acuti con ricovero ospedaliero e chirurgia elettiva.

La pandemia ha avuto un significativo impatto sulla quantita e il tipo di offerta del sistema sanitario e ne potrebbe influenzare la dinamica e l'organizzazione anche in futuro. I primi dati disponibili sull'assistenza ospedaliera mostrano come, in risposta allo stress della domanda correlata al *COVID-19*, tutti i servizi sanitari regionali hanno reagito, come si e gia detto, limitando l'offerta ordinaria, rinviando gli interventi programmati differibili e scoraggiando la domanda non urgente. Il timore del contagio ha avuto un ruolo importante nel limitare la domanda.

L'inevitabile redistribuzione di risorse e una temporanea riorganizzazione dei percorsi di cura potrebbero avere gia avuto un impatto sulla salute dei cittadini, in termini di ritardi diagnostici e di trattamento. Le preoccupazioni maggiori riguardano le patologie cardiovascolari ed oncologiche, per la riconversione di reparti, la riduzione delle attivita chirurgiche e la sospensione delle attivita ambulatoriali su prenotazione, in aggiunta alla necessita di garantire ai pazienti di essere protetti dal rischio di infezione.

In sintesi6, dai dati emerge con chiarezza che nel mese di marzo sono diminuiti sensibilmente il ricorso al pronto soccorso dei casi non urgenti e il numero totale dei ricoveri totali, ma e cambiato il mix di cause di ricovero, con il picco di ricoveri per *COVID-19* che hanno anche modificato la durata media della degenza; sono diminuiti i ricoveri per patologie ischemiche di cuore e per malattie cerebrovascolari, ma e rimasta invariata la capacita di trattamento tempestivo e appropriato di queste patologie una volta ospedalizzate; si e ridotta drasticamente l'offerta di interventi di chirurgia elettiva non urgente, ma non e cambiata l'offerta di interventi non differibili in ambito oncologico ed ortopedico.

In tutte le regioni considerate si osserva nel primo trimestre del 2020 una riduzione degli accessi totali al Pronto Soccorso (PS) rispetto alla media dei due anni precedenti. La flessione comincia a manifestarsi nell'ultima settimana di febbraio, e alla fine del mese di marzo arriva a punte di circa il 70%.

CAPITOLO 15

IL WELFARE ATTRAVERSO LA PANDEMIA - Un modello sanitario fragile

Già ce ne accorgemmo durante la prima ondata della primavera 2020. Le politiche di quell'estate si muovevano con un atteggiamento ottimistico, cullati dall'illusione che il virus fosse sotto controllo, la seconda ondata di contagi ha sommerso e travolto il sistema sociosanitario in quasi tutto il Paese.

In Lombardia eravamo convinti di avere un sistema eccellente e solido, ma che sostanzialmente, come molte costruzioni imponenti, era stato costruito nell'illusione che tecnologia avanzata e l'alta specializzazione ci mettesse al riparo da qualsiasi evento; ma senza avvedersi che ciò era avvenuto erodendo le basi su cui tale costruzione si dovrebbe dovuta fondare.

Eravamo sicuri che il sistema sociosanitario lombardo fosse all'avanguardia mentre si è dimostrato un modello fragile: prevenzione, medicina di base, reti assistenziali di territorio da oltre vent'anni erano la cenerentola del sistema, con DRG poco remunerative che sostanzialmente hanno spinto gli operatori, pubblici e privati, a concentrare gli investimenti in prestazioni sanitarie ospedaliere ad alta intensità terapeutica, ma, a ben vedere, a basso contenuto assistenziale e di cura. La cultura dell'assistenza e della cura si era trasformata in cultura della prestazione, gli interventi sanitari sono stati denominati "produzioni", mentre prevaleva un approccio manageriale centrato sui budget e sulle trimestrali di cassa.

E infatti, nel sistema lombardo dell'Assistenza Domiciliare Integrata, la presa in carico dei pazienti, operata dagli enti accreditati, viene valuta in relazione ai "livelli di produzione", da collocare dentro piani costruiti in reazione al budget assegnato, più che all'effettiva rilevazione dei fabbisogni. Emblematica anche la definizione scelta per descrivere le situazioni in cui un operatore accreditato realizza *una presa in carico di pazienti superiore a quella programmata dai budget, che non viene indicata come "incremento della domanda" ma come "sovrapproduzione".*

A pensarci bene pare un'aberrazione: chi si prende cura di bisogni crescenti determina un'inefficienza del sistema poiché produce più cura, più assistenza, più servizi ai cittadini. Queste sovrapproduzioni in molti casi sono state sanzionate come "sforamenti di budget" da non remunerare, determinando di conseguenza atteggiamenti di prudenza o di elusione dei una domanda crescente che sarebbe stato doveroso prendere in considerazione nei primi mesi del 2020 come un campanello di allarme: la medicina di territorio e il sistema assistenziale e di cure domiciliari erano l'argine che l'ondata di piena dei contagi stava erodendo.

La questione qui sollevata non è riconducibile, come qualcuno afferma, alla presenza di operatori privati nel sistema sanitario sociosanitario: basterebbe considerare come si sono mobilitati molti gestori privati – per citarne uno su tutti, il Gruppo Humanitas Gavazzeni – così come molti gestori di RSA, cooperative sociali impegnate nella gestione di Centri Residenziali o Diurni per anziani o persone con disabilità o nell'Assistenza Domiciliare Integrata, per testimoniare che non è nella distinzione tra pubblico e privato che si devono cercare le ragioni di una crisi, ma nella rinuncia, da parte dei decisori politici e dei programmatori del sistema sociosanitario lombardo, ad esercitare una funzione di programmazione-controllo attenta all'evoluzione dei bisogni, prima che alla gestione dei budget.

La conseguenza è stata che il Pronto Soccorso degli ospedali è diventato il punto piu delicato delle strutture: la pandemia è andata fuori controllo in misura superiore al resto d'Italia, sino all'immagine che rimarrà impressa nella memoria collettiva delle bare trasportate dai camion dell'esercito.

La risposta all'ondata di piena è stata eroica e tempestiva, con una mobilitazione enorme da parte di tutte le istituzioni locali e da parte della società civile: sindaci e funzionari comunali, ATS e operatori sanitari, ospedali pubblici e privati, imprese ed enti di Terzo settore, cooperative sociali e singoli cittadini. Una risposta grandiosa che ha visto realizzare operazioni emblematiche, come l'ospedale costruito presso la Fiera di Bergamo da Alpini e Artigiani, i Covid Hotel allestiti dalle cooperative sociali insieme ad alcuni albergatori, le reti di volontariato per assicurare una tenuta relazionale e assistenziale capillare. Fino ad arrivare alla impressionante capacità di raccolta fondi e alla grande quantità di donazioni in denaro che si sono realizzate e che hanno consentito la realizzazione di buona parte delle risposte all'emergenza appena citate.

Grazie a questo e, ovviamente, alle misure di controllo della pandemia, siamo quindi arrivati all'estate e tutto sembrava essersi rivolto al meglio: sembrava realizzarsi la profezia "andrà tutto bene" esposta su molti balconi delle nostre città e dei nostri paesi.

Si è quindi iniziato a parlare di piani per preparare la possibile ripresa dell'epidemia nei mesi autunnali, a prevedere interventi per prevenire e contenere la seconda ondata; ma la tensione vista qualche mese prima pareva esaurita: sono ricomparsi i *distinguo* e le difese corporative di aree di interesse o di "primariato" e si è ritornati ad un modello decisionale tradizionale e viziato da tutte le limitazioni già prima evidenziate. Gradualmente la società civile, il terzo settore, le forze sociali protagoniste imprescindibili della risposta all'emergenza sono state dimenticate e messe da parte nei luoghi ove si riorganizzava la risposta sociosanitaria a possibili nuove ondate, così come sono stati messi da parte medici ed infermieri di base, celebrati con la retorica come eroi e poi guardati con fastidio ogni volta che segnalavano la pericolosità degli assembramenti estivi: cassandre che rovinavano il clima da "after-hours".

Le successive ondate, con le varianti del virus, hanno portato nuovi confinamenti e restrizioni. Con centinaia di morti ogni settimana, gli ospedali ancora sotto una pressione preoccupante e una medicina di territorio e soprattutto un sistema di cure domiciliari insufficiente.

Insomma, l'impronta organizzativa del nostro sistema sociosanitario è rimasta immutata ed è come se dalla lezione della primavera scorsa non avessimo imparato nulla. I piedi del gigante sono ancora d'argilla e un serio approccio alla domiciliarità è ben lontano dall'essere diventato una priorità condivisa.

Le organizzazioni del terzo settore e dell'economia sociale vengono ancora prevalentemente considerate come ancillari o utili solo per rispondere all'emergenza o alle situazioni marginali, ma non si vede un cambio di paradigma nelle forme del coinvolgimento da parte delle istituzioni pubbliche, né da parte dei grandi player della sanità privata.

Fortunatamente, in questo mesi si sono via via trovate migliori tarature delle cure, i protocolli di gestione dell'emergenza sono stati consolidati, una parte dei cittadini appare molto più consapevole e prudente; ma quello che lascia attoniti, oltre all'immobilismo nell'organizzazione del sistema sociosanitario, è ancora il prevalere, da parte di molti di decisori politici, di una logica di schieramento ideologica, una ricerca di annunci ad effetto o di posizionamento sull'onda mediatica, che il fiuto di questo o di quel politico, individua come più remunerativa sul piano del consenso immediato.

Prendiamo il caso degli "Infermieri di comunità", che sono stati presentati come un intervento straordinario per rinforzare la rete di assistenza sanitaria sul territorio, arruolati in tempi stretti soprattutto da parte di strutture pubbliche, che in gran parte hanno "attirato" infermieri che lavoravano nelle RSA o nella rete dell'Assistenza Domiciliare Integrata, determinando un effetto di spostamento di risorse più che un vero e proprio potenziamento del sistema. Non sarebbe stato molto più efficace aumentare semplicemente la dotazione di risorse economiche, finalizzate ad una migliore implementazione dei servizi infermieristici territoriali e delle RSA?

Ma poter vantare l'assunzione di qualche migliaio di infermieri nel sistema pubblico, potendo tra l'altro sostenere di aver invertito la tendenza degli ultimi anni di tagli al Fondo Sanitario Nazionale e al Fondo Nazionale per le Politiche Sociali, è un esito più spendibile da un punto di vista comunicativo, è più efficace nel trasmettere l'idea che "si sta facendo qualcosa". E questa mossa contribuisce anche a dare risposta ad alcune generalizzazioni e luoghi comuni persistenti, come quello rilanciato da Milena Gabanelli che nella rubrica "Data-Room" del Corriere della Sera del 2 novembre denunciava

che *"l'assistenza ai più fragili è appaltata ai privati con infermieri pagati*

meno". Insomma, pochi (se raffrontati al reale fabbisogno) infermieri di comunità assunti

dalle ASL (ATS e ASST per la Lombardia) diventano una risposta politica la cui

principale utilità risiede proprio nella efficacia sul piano della comunicazione, più di

quanto non risponda alla necessità di riorganizzazione del sistema sociosanitario.

CAPITOLO 16
UNA POPOLAZIONE FRAGILE E SFORTUNATA.

Quello di cui la pandemia avrebbe dovuto renderci consapevoli, con l'ecatombe di decessi tra la popolazione anziana e tra le persone ricoverate nelle RSA, è che il nostro sistema di welfare è da tempo inadeguato, questione che non può essere affrontata con provvedimenti di facciata e che richiede di intervenire non solo sul piano delle risposte, ma prima ancora sul piano dell'analisi: ciò che va contrastato è in primo luogo la marginalità politica attribuita al welfare, ben testimoniata dall'infelice frase del presidente di Regione che ha sminuito l'impatto dei morti per Covid-19 in considerazione del fatto si tratta prevalentemente di persone anziane e quindi sostanzialmente improduttive.

In sostanza, una diversa cultura del welfare richiede in primo luogo di superare la lettura superficiale della nostra società che non coglie le fratture sociali che attraversano il mondo contemporaneo e legge la fragilità, il disagio e i bisogni assistenziali come fenomeni marginali.

I bisogni sociali, in questa visione, non riguardano potenzialmente ciascuno di noi, ma persone "sfortunate" (quando si guardano con un occhio benevolo, tra il caritativo e il paternalistico) o "devianti" (quando lo sguardo è quello giudicante, che condanna il povero o il malato).

Quello che la pandemia ha mostrato e che una parte rilevante della politica pare non cogliere, è che il bisogno di cura e assistenza è un'esperienza trasversale che interessa tutti gli strati sociali; e sarebbe compito della politica rimuovere gli ostacoli che rendono fortemente diseguale la risposta a questa esigenza universale: le "fragilità sociali" e i bisogni di cura assistenziale e relazionale, attraversano sempre più frequentemente le esistenze normali e le "fratture" che in passato ritenevamo si collocassero ai margini degli strati sociali oggi si trovano sempre più vicine alla vita e alla quotidianità di ciascuno.

Questa sensazione di insicurezza, di essere esposti a rischi sociali da cui ci credevamo immuni, è probabilmente tra i motivi che portano alla crescita dei sentimenti di paura e risentimento tra la popolazione: diminuiscono i reati, ma ci sentiamo più esposti alla criminalità; ci sentiamo minacciati da stranieri che sono però presenti in misura inferiore a quella percepita; ci sentiamo più poveri, ma i depositi bancari aumentano.

Non si tratta tuttavia di semplici distorsioni tra percezione e realtà, tantomeno di vittimismo, ma di segnali della presenza di una serie di faglie profonde che rischiano di far esplodere nei prossimi anni un livello inedito di diseguaglianze che potrebbero ulteriormente fratturare un Paese, che, proprio in tema di qualità e diffusione del welfare, è attraversato ancora da troppe distanze. In sostanza, il sentirsi soli di fronte a problemi che avvertiamo non essere più così distanti da noi, genera timori e risentimenti.

Distanze tra generazioni e territori, con un sistema che protegge molto gli anziani e poco i giovani, protegge i bambini, ma non sempre le famiglie, raggiunge i problemi più noti e consolidati, ma non capta i bisogni emergenti e le nuove fragilità. Arriva in alcune zone, ma ne lascia scoperte altre. Ampi sono infatti i divari tra aree geografiche: fra nord e sud, in primo luogo, ma anche fra aree centrali e metropolitane e periferie, urbane o rurali.

CAPITOLO 17

LE POLITICHE DI ASSISTENZA DA RIVEDERE.

Sono cresciuti i bisogni, ma sono diminuite la capacità di presa in carico complessiva e i sistemi di welfare faticano a mantenere un legame di fiducia tra istituzioni e cittadini.

Da alcuni anni si rileva il continuo ampliarsi del divario tra i bisogni che emergono e le risorse pubbliche disponibili: ad esempio il tasso di presa in carico delle persone non autosufficienti è in media nazionale del 10% considerando le strutture residenziali – circa 300 mila posti letto – e diurne (il che significa che in ben 9 casi su 10 le famiglie sono lasciate sole); salirebbe al 30% considerando anche le persone che fruiscono di una qualche forma di intervento domiciliare, che ha però una intensità assistenziale media di 17 accessi all'anno per ogni utente: di fatto un aiuto inconsistente, che risponde ai bisogni delle persone solo in modo trascurabile.

Un livello di copertura che crolla ulteriormente in molte regioni del Sud, dove i servizi per domiciliari sono ancora poco presenti. Per questi motivi si è ampiamente diffuso, in tutto il Paese, un ampio mercato informale delle prestazioni di cura in cui operano circa un milione di assistenti familiari (più comunemente chiamate "badanti"), di fatto la principale forma di risposta che gli italiani hanno "auto-organizzato" per rispondere alle loro esigenze oltre alla presa in carico diretta da parte dei familiari e in particolare delle donne.

Questo numero appare ulteriormente significativo se consideriamo che complessivamente i dipendenti del Sistema Sanitario Nazionale sono circa 600 mila e che i dipendenti delle cooperative sociali italiane, il più significativo soggetto che si occupa di servizi socioassistenziali, sono 355 mila. Le assistenti familiari – quindi una risposta in gran parte esterna al sistema dei servizi di welfare, che le famiglie trovano e pagano da sole –

in altre parole, sono da sole in numero pari ai lavoratori pubblici e privati del nostro welfare.

Esiste quindi una grande "frattura" che percorre il sistema di welfare italiano, dove una parte dei cittadini può beneficiare della presa in carico pubblica o comunque assicurata dalla rete dei soggetti pubblici e privati che operano nel nostro welfare e un'altra si affida al lavoro di cura informale e spesso sommerso. In questa frattura il virus si è infiltrato e ne ha provocato la deflagrazione.

Nei prossimi decenni – come dimostrano le analisi sulla demografia – invecchiamento della popolazione, aumento delle aspettative di vita e aumento delle situazioni di non autosufficienza porteranno una pressione ulteriore sul sistema di welfare, che incrociate con la diversa conformazione delle famiglie e il sistema previdenziale riformato, rischia di aprire voragini nella possibilità di molte persone di potersi assicurare una vecchiaia dignitosa e protetta. E non è certo con la manovra un po' ipocrita di assegnare priorità alle persone con più di 80 anni nelle vaccinazioni che assicuriamo protezione agli anziani, che si potrebbero proteggere con la permanenza in casa e una sistema di cure domiciliari più capillare. Mentre forse sarebbe stato più efficace vaccinare prima giovani, insegnati e studenti che con una maggiore mobilità moltiplicano anche le occasioni di contagio.

L'orientamento alle soluzioni individuali (le badanti) ha dato risposte importanti, ma la sua sostenibilità nel tempo è limitata, inoltre rappresenta una soluzione che finisce per isolare ancora di più le persone fragili o con bisogni sociali intensi.

Questo processo è ulteriormente enfatizzato se consideriamo la crescente frammentazione dei nuclei familiari: il 44% dei nuclei familiari italiani hanno un solo adulto in casa e 8 milioni di persone vivono sole. E, sempre sul fronte della sostenibilità, un sistema di protezione sociale basato largamente su trasferimenti monetari alle famiglie e non su servizi reali in funzione dei bisogni, su cui fino ad oggi si è basata anche tanta parte della tenuta della coesione sociale del nostro Paese, non sarà più in grado di reggere a fronte delle proiezioni demografiche ed economiche, in un Paese in cui già oggi le pensioni hanno l'incidenza più alta d'Europa sul totale della spesa pubblica di welfare (circa il 50% in Italia contro il 35% medio di altri Paesi).

Oltre a non essere sostenibile, un welfare basato prevalentemente sul trasferimento monetario non è in grado di assicurare una presa in carico dei bisogni sociali e rischia invece di alimentare una deriva inerziale della spesa senza produrre innovazione.

La spesa per prestazioni di invalidità civile e assegni di accompagnamento supera i 16 miliardi di euro – più della spesa di welfare totale degli enti locali – ed è in costante crescita, a conferma che la nostra spesa sociale si concentra su assegni di invalidità e accompagnamento e non su servizi; una spesa certamente necessaria allo stato attuale, ma poco correlata al grado effettivo di bisogno delle persone, cioè non è connessa al bisogno assistenziale reale di ogni beneficiario.

In sintesi, si verifica una dinamica che spinge la spesa a crescere, perché crescono i bisogni incomprimibili determinati dall'invecchiamento della popolazione e la fragilità delle famiglie. Ma a fronte dell'aumento di spesa, non si riesce ad arginare che in minima parte il bisogno e non si riescono a definire percorsi di fuoriuscita dalla condizione di disagio, che trova nella dimensione della presa in carico da parte dei servizi e della comunità il vero antidoto e la vera risorsa. Per questo ci sarebbe bisogno di gettare le basi per agire di più nella direzione di responsabilizzare ed orientare verso soluzioni condivise, più difficili da organizzare e culturalmente distanti dalla consuetudine che si è instaurata, ma che sono la strada da percorre se vogliamo dare sostenibilità e qualità ad un sistema di protezione sociale sempre più appesantito.

CAPITOLO 17
COME RIVEDERE LA SANITÀ

Come si diceva in apertura, la pandemia del Covid-19 ha messo a nudo l'inadeguatezza del nostro welfare. Il tempo intercorso tra la prima e la seconda ondata avrebbero potuto costituire il tempo per iniziare a dare avvio a tale transizione. Avrebbero potuto esserlo, se avessimo utilizzato meglio i mesi scorsi per lavorare a questo disegno, mentre si è invece nuovamente stati raggiunti dall'emergenza dalla quale ancora oggi non riusciamo ad uscire.

Così le differenze di competenze, capacità economiche, capitale di relazioni delle persone e distanze culturali, rischiano di alimentare ulteriori forme di "segmentazione" della società dove crescono diseguaglianze molteplici, determinate dalle diverse capacità di interloquire con i servizi, di reperire le informazioni e di attivare le competenze necessarie per accedere alle prestazioni e intercettare i trasferimenti monetari. Crescono così nuove forme di inequità nell'uso dei servizi di welfare, soprattutto per la difficoltà a ricomporre i servizi e spesa sociale privata con la spesa sociale pubblica.

Si avverte il bisogno di ricostruire un sistema di welfare innovativo e composito che, oltre ad essere strumento di coesione sociale, sappia essere anche una chiave per nuove occasioni di sviluppo: il welfare non è un costo ma un investimento e oggi nelle economie mature il sistema di welfare e protezione sociale è indispensabile ad assicurare la tenuta e la competitività del sistema produttivo ed economico.

Questa visione, tra l'altro, contribuisce a vedere da una prospettiva diversa il dilemma ostinatamente riprodotto in questa epoca di pandemia: dobbiamo salvare l'economia o la salute, come se le due questioni non fossero collegate. È invece utile ed opportuno assicurare un sistema di cura assistenziale sanitario e sociale adeguato a permettere al sistema imprenditoriale e del commercio di funzionare.

Per questo sarebbe necessario lavorare per promuovere e favorire i legami sociali e il rafforzamento delle relazioni, non soltanto come dimensione tipica dell'agire fra persone, ma come cifra del comportamento tra enti e istituzioni, tanto a livello locale quanto regionale e statale, fino a raggiungere una prospettiva europea delle politiche di welfare.

Serve per questo rilanciare un'idea di giustizia sociale e di coesione, dove una maggiore responsabilità delle persone verso il bene comune, diventa la base su cui costruire un modello di sviluppo economico e sociale sostenibile ed inclusivo, che ha bisogno di un progetto di città e territori che sappiano valorizzare la prossimità, le reti relazionali solidali, riscoprire il mutualismo e una diversa idea di economia, che riparta dalla creazione di valore e smetta di rincorrere l'estrazione di valore.

Serve promuovere un'idea di welfare comunitario che unisca i contesti locali e i sistemi produttivi, che integri welfare municipali e regionali con le reti di protezione mutualistiche e contrattuali, con quelle di welfare aziendale e di responsabilità solidali.

Serve ribadire che un sistema economico in trasformazione non deve e non può considerare le politiche sociali come forme della carità o della sicurezza sociale pubblica, bensì come il basamento che regge una società e il suo sistema produttivo.

Dobbiamo saper costruire una società che rovesci il rapporto tra economia e welfare, poiché dalla nostra capacità di reinventare i sistemi di cura, protezione sociale, assistenza educazione e formazione deriva la tenuta del sistema economico e produttivo.

Impossibile, infatti, immaginare che un continente di anziani, famiglie vulnerabili e giovani che diventano adulti sempre più tardi possa incrementare l'occupazione, la produttività e il progresso sociale se a questa popolazione non sapremo assicurare un sistema di cura e protezione. Saranno cioè welfare e lavoro a reggere l'economia e la possibilità di continuare a fare attività per molte imprese: insomma, uno scenario molto diverso da quello talvolta preconizzato della fine del lavoro. Certamente cambieranno tipologie e forme del lavoro, come le abbiamo conosciute negli ultimi secoli e welfare, cultura e formazione, salute e cura dell'ambiente devono diventare fattori essenziali per una crescita economica sostenibile che torni a considerare l'equità un valore fondamentale.

Pensare ai territori, alle città, alle comunità locali come luoghi di relazione è la condizione necessaria per costruire dimensioni di lavoro e di incontro per le persone, che sono il fondamento della coesione sociale. Realizzare queste intenzioni oggi, in un'epoca di grandi trasformazioni, richiede di immaginare le istituzioni come organizzazioni aperte di incontro per realizzare innovazione sociale.

Il welfare ha definitivamente smesso di essere un tema esclusivo delle politiche pubbliche così come ha smesso di riguardare esclusivamente fasce di popolazione marginali. Il welfare riguarda tutti ed è un potente strumento di sviluppo oltre che un settore fondamentale di investimento e crescita occupazionale. Un bene comune a tutto tondo.

CAPITOLO 18
RIPROGETTARE IL WELFARE DOPO IL COVID. RIPARTIRE DALLE IMPRESE SOCIALI

La pandemia di Covid-19 ha messo sotto pressione la rete dei servizi sociali e sanitari, esposti ad un'onda d'urto imprevista, ma non imprevedibile, che ha fatto esplodere la domanda di prestazioni sanitarie e di interventi sociali. Quello che abbiamo vissuto – e che stiamo ancora vivendo – ha svelato le fragilità del welfare italiano e, contemporaneamente, ha reso evidente la funzione ed il senso del welfare, presidio di diritti fondamentali come la salute e garanzia del benessere collettivo della comunità.

Nella pandemia, insieme alle criticità ed ai punti di debolezza, sono però emerse anche le risorse ed i punti di forza del nostro welfare e, più in generale del Paese, tra cui è possibile annoverare anche l'esistenza di una rete di imprese sociali ed enti del Terzo settore presenti in modo capillare in tutto il territorio nazionale che durante l'emergenza sono state in prima linea, in molti casi sono intervenute prima degli attori pubblici nell'affrontare le difficoltà delle famiglie: hanno saputo riorganizzare i servizi esistenti; hanno ideato nuove attività capaci di affrontare i bisogni generati dalla pandemia; hanno utilizzato la tecnologia per ripensare le modalità di produzione di molti servizi "a distanza" e, allo stesso tempo, hanno implementato nuovi progetti digitali rivolti a bambini, ragazzi, persone disabili ed anziani. Si sono impegnate nella costruzione di nuove reti sociali ed economiche e nel rafforzamento dei legami comunitari sfibrati dal confinamento forzato, così come hanno fatto le migliaia di volontari che in poche ore dall'inizio del primo lockdown hanno saputo organizzare la distribuzione di farmaci, cibo ed altri generi di prima necessità alle persone più fragili rimaste sole e senza punti di riferimento.

Questo intervento, partendo dall'analisi delle criticità del welfare sociale e sanitario, vuole aprire un confronto dal basso sul futuro del welfare, dopo la pandemia. Una riflessione che appare quanto mai necessaria considerando che i provvedimenti adottati nell'emergenza dal Governo sono concentrati esclusivamente sul potenziamento del Sistema Sanitario Nazionale senza, però, metterne in discussione le logiche di fondo che hanno determinato la situazione attuale e non prevedono il rafforzamento della rete dei servizi alla persona che invece costituisce un fattore strategico non solo per innalzare il livello di coesione sociale ma, più in generale, per la crescita economica del Paese.

CAPITOLO 19
LE FRAGILITÀ DEL WELFARE SOCIALE E SANITARIO

Il welfare sociale e sanitario del nostro Paese già al momento dell'esplosione della pandemia presentava diverse fragilità riconducibili ad una pluralità di fattori tra cui il sotto finanziamento del Sistema Sanitario Nazionale e della rete dei servizi sociali ed educativi, la presenza di forti diseguaglianze territoriali in termini di risorse, servizi e performance e il forte squilibrio delle risorse destinate al welfare a favore dei trasferimenti monetari piuttosto che al finanziamento dei servizi.

Negli ultimi dieci anni in Italia il finanziamento pubblico del Sistema Sanitario Nazionale è cresciuto dello 0,9% annuo ad un tasso inferiore rispetto all'inflazione (+1,07%), un trend che ha fatto perdere nel periodo 37 miliardi di euro di risorse, ha determinato una riduzione della spesa sanitaria pubblica rispetto al prodotto interno lordo ed una contrazione della spesa sanitaria pro-capite passata da 1.893 a 1.746 euro nel periodo 2009-2019, facendo arretrare l'Italia nel confronto con altri Stati europei. Nel 2018 la spesa sanitaria pro capite in Germania ed in Francia era rispettivamente doppia e superiore del 60% a quella italiana[1]

. L'impoverimento del welfare sociale è stato ancora più marcato di quello sanitario. Dopo la crisi del 2008 i fondi nazionali per le politiche sociali sono stati praticamente azzerati e non sono ancora stati interamente rispristinati, mentre la spesa sociale dei comuni che nel 2010 era stata di 7,127 miliardi di euro (un valore pari allo 0,46% del Pil nazionale) nel 2017 era pari a 7,234 miliardi di euro corrispondenti allo 0,41% del Pil con una riduzione superiore al 10%[2]

La disuguaglianza del welfare sociale e sanitario, un problema storico del nostro Paese, è divenuto ancora più marcato dopo la crisi economica dei primi anni Duemila ed in seguito alla riforma del Titolo V della Costituzione. Il secondo rapporto sulle diseguaglianze di salute in Italia mette in evidenza come il Paese abbia raggiunto uno stato di avanzamento ancora modesto nell'implementazione di politiche di contrasto a questo problema[3]

. Analizzando la speranza di vita alla nascita, le differenze tra regione e regione sono molto marcate e diventano drammatiche se si prende in esame la speranza di vita in buona salute. Nella provincia di Bolzano si vive in buona salute mediamente sino a 70 anni mentre in Calabria solo fino a 52 anni[4]

. Anche se la speranza di vita alla nascita è influenzata da più fattori, non tutti riconducibili all'intervento pubblico ed alle politiche di welfare, questo dato pone un problema di giustizia distributiva che dovrebbe rappresentare la priorità degli interventi che andranno a ridefinire il welfare dopo la pandemia e che non è legato alla sola spesa sanitaria ma coinvolge anche l'educazione, la cultura ed il welfare sociale. Anche in questo ambito le differenze regionali sono molto marcate, basti pensare che la spesa sociale pro capite dei comuni in Calabria è di 22 euro a persona mentre nella Provincia di Bolzano raggiunge i 589 euro a persona ed in Italia il valore medio è di 119 euro.

Nel suo complesso l'Italia destina alla protezione sociale una quota importante del prodotto interno lordo che nel 2017 ha raggiunto 29,1% a fronte di un valore medio europeo del 27,9%. Queste risorse, tuttavia, sono prevalentemente impiegate per finanziare i trasferimenti monetari e soprattutto per le pensioni di anzianità e vecchiaia che da sole rappresentano il 16% del Pil, mentre sono utilizzate solo marginalmente per finanziare la rete dei servizi sociali, tanto da collocare l'Italia tra gli ultimi Paesi in

Europa per questa voce di spesa. Tale tendenza si è rafforzata negli ultimi anni quando tutti i governi che si sono succeduti alla guida del Paese anziché finanziare i servizi hanno introdotto misure che sono andate a potenziare il volume dei trasferimenti monetari come il bonus da "80 euro" del Governo Renzi o "Quota 100" introdotta dal primo Governo Conte. Questo trend ha trovato conferma anche nella pandemia, quando il Governo, al crescere dei bisogni sociali delle famiglie, ha introdotto nuovi bonus anziché rafforzare la rete dei servizi presenti nei territori, penalizzando, in questo modo, le fasce della popolazione che vivono in condizioni socio economiche più disagiate e che hanno dovuto superare maggiori barriere per accedere alle misure governative come, ad esempio, tutte quelle volte a sostenere le attività estive dei bambini e dei ragazzi.

CAPITOLO 20
LIMITI ATTUALI NEL WELFARE

La pandemia ha reso evidenti anche i danni prodotti sul sistema sanitario e sulla rete dei servizi sociali dalla diffusione, avvenuta negli ultimi decenni, delle logiche e degli strumenti tipici del mercato nel welfare. Tale cambiamento culturale ed organizzativo iniziato, partendo dalla sanità, negli anni Novanta con il d.lgs. 502 del 1992 e poi con il d.lgs. 229 del 1999 ha messo al centro la dimensione tecnica e l'efficienza economica delle scelte, eliminando dal discorso pubblico sulla salute, sull'educazione e sull'inclusione sociale la dimensione collettiva e democratica del welfare.

In ambito sanitario, ad esempio, la piena adesione all'idea di efficienza produttiva, tipica della logica mercantile, ha determinato un impoverimento della concezione di servizio pubblico su cui si era fondata l'istituzione, nel 1978, del Servizio Sanitario Nazionale. Il processo di aziendalizzazione degli ospedali e delle unità sanitarie locali ha reso queste organizzazioni degli apparati di produzione di prestazioni, a cui è attribuito un "prezzo" economico attraverso i DGR (*diagnosis related group,* sistema introdotto negli anni Ottanta negli Stati Uniti per dare una remunerazione economica delle singole prestazioni sanitarie alle assicurazioni private coinvolte nel programma Medicare), in concorrenza sia con le altre aziende ospedaliere pubbliche che con i soggetti privati accreditati. In questo nuovo contesto culturale ed organizzativo è la concorrenza tra gli operatori a garantire il raggiungimento dell'efficienza del sistema sanitario. Così facendo, l'idea di mercato ha fatto il suo ingresso in un mondo che era stato pensato e progettato come produzione collettiva di benessere sociale "fuori dal mercato", in cui insieme alla salute si promuoveva la partecipazione, l'informazione, la conoscenza ed il controllo democratico dei servizi[5]

.

La pandemia ha mostrato in modo plastico il fallimento di questo modello, ben rappresentato da due casi esemplificativi: il sistema sanitario della Lombardia e quello della regione Calabria.

La Lombardia nella prima ondata pandemica è stata la regione che ha fatto registrare le peggiori performance sanitarie sia in termini di numerosità dei decessi che in termini di incidenza dei decessi sulle persone contagiate. Ci possono essere diverse spiegazioni di questo fallimento ma è evidente che, tra queste, grande importanza va attribuita alle specificità del modello sanitario lombardo. La Regione Lombardia ha spinto con grande decisione sull'aziendalizzazione delle strutture sanitarie pubbliche e sulla concorrenza tra strutture pubbliche e private accreditate. In questo modello, più che in altre regioni, le scelte sia delle strutture pubbliche che di quelle private sono state orientate dalla dimensione economica dei DRG, favorendo la concentrazione del personale, delle strutture e degli investimenti tecnologici in attività volte a fronteggiare patologie più remunerative e la creazione di poli di eccellenza altamente specializzati che operano in concorrenza gli uni con gli altri, trascurando le esigenze di cura meno convenienti e effettuando un limitato investimento sulla medicina territoriale. L'adozione decisa di un approccio centrato sulle logiche di mercato, sulle singole prestazioni e sul loro costo, ha inoltre determinato un ridotto investimento sull'integrazione socio sanitaria, aspetto critico in tutta Italia che però in Lombardia si è dimostrato particolarmente deficitario. Pur in presenza di un'elevata dotazione finanziaria e di un alto livello di efficienza tecnica ed economica il modello sanitario lombardo è stato tra i peggiori a livello globale per l'efficacia della risposta fornita nella prima ondata pandemica.

Una delle principali argomentazioni utilizzata dai sostenitori dell'adozione delle logiche di mercato nel welfare, a partire dalla sanità, è la necessità di rendere più efficiente la gestione delle strutture pubbliche, eliminando logiche politiche e clientelari. E una gestione efficiente dei servizi pubblici è la condizione essenziale per garantire la sostenibilità di lungo periodo della rete dei servizi di welfare. Saper impiegare al meglio le risorse disponibili costituirebbe un prerequisito anche per superare gli squilibri territoriali in materia di servizi sociali e sanitari. L'esperienza della Regione Calabria, tuttavia, dimostra che l'adozione di logiche di mercato non assicura affatto il raggiungimento di questo obiettivo primario per la tenuta democratica del Paese. In Calabria, così come in altre regioni del Meridione, nonostante l'adozione delle logiche aziendali da parte delle strutture pubbliche e la separazione tra il livello tecnico e quello politico, avvenuta anche grazie ad un periodo di commissariamento della "sanità" da parte del Governo centrale che dura da quasi 11 anni, gli incrementi di efficienza tecnica ed economica del sistema sanitario sono stati modesti ed il miglioramento dell'efficacia dei servizi sanitari nullo. La Corte dei Conti nel 2019 ha certificato un debito del sistema sanitario della Calabria verso i fornitori pari a circa 1,1 miliardi di euro ed un disavanzo annuale di 105 milioni di euro, mentre il Governo ha confermato l'inadeguatezza della rete dei servizi sanitari di questa regione adottando per la Calabria, nel corso della seconda ondata della pandemia, misure estremamente restrittive pur in presenza di un contenuto livello di contagi di Covid-19.

In ambito sociale la diffusione delle logiche di mercato ha creato un duplice effetto distorsivo sia nei rapporti tra amministrazioni pubbliche ed enti del Terzo settore che in quello con i cittadini. Rispetto al Terzo settore, la collaborazione che aveva caratterizzato gli ultimi decenni del Novecento favorendo il superamento, in tempi relativamente rapidi, di istituzioni totali – come quella manicomiale e la creazione di nuove filiere di servizi come quelle dedicate alla disabilità – è stata sostituita dalla competizione. In termini operativi questo cambio di approccio ha determinato: la diffusione su larga scala delle gare di appalto quale strumento per regolare i rapporti tra attori pubblici ed enti del Terzo settore; la centralità delle norme volte a garantire la concorrenza anche nel settore sociale ed il prevalere dell'efficienza economica e della correttezza formale sull'efficacia sociale degli interventi realizzati. Nel rapporto con i cittadini le logiche di mercato hanno favorito la diffusione di bonus e trasferimenti monetari piuttosto che il potenziamento della rete dei servizi, trasformando i cittadini da attori titolari di diritti che devono essere garantiti dalle istituzioni pubbliche, in clienti-consumatori che possono soddisfare il proprio bisogno scegliendo tra i diversi *provider* di servizi: regolari, irregolari o famigliari; pubblici o privati; profit o non profit. Ampliando in questo modo le diseguaglianze esistenti tra i cittadini con maggiori capacità di spesa e le fasce più povere della popolazione.

CAPITOLO 21
OBIETTIVI DI UN NUOVO WELFARE

È ragionevole pensare che il welfare dopo la pandemia cambierà radicalmente. In che modo? Lungo quali traiettorie? Utilizzando quali modelli? Con quali attori? Con quali risorse? Le risposte a queste domande hanno una forte dimensione politica. Ogni scelta che determina quali sono i bisogni sociali che una comunità può sodisfare, quali modalità e quali risorse possono essere utilizzate a tal fine non può che essere parte di un progetto che definisce un'idea di persona e di società ed ha una valenza autenticamente politica. Non sono scelte che possono essere compiute da tecnici, ma devono essere il frutto di un dibattito pubblico informato; non sono decisioni che definiscono le modalità più efficienti per organizzare delle prestazioni sociali e sanitarie, ma sono passaggi fondamentali che determinano la qualità del sistema democratico di uno Stato. Per questa ragione le organizzazioni del Terzo settore e le imprese sociali devono agire con più forza, in questa fase, la dimensione politica del proprio operato, promuovendo un confronto pubblico sul futuro del welfare e dando forma a proposte, progetti e politiche capaci di rispondere ai bisogni delle fasce più deboli della società.

CAPITOLO 22
RIPENSARE IL RAPPORTO PUBBLICO-PRIVATO

Un primo tema che la pandemia ha proposto con forza è la necessità di rivedere il rapporto Pubblico-Privato. Il Covid-19 ha reso evidenti i limiti delle politiche pubbliche, come ad esempio quelle sociali e sanitarie, ma allo stesso tempo ha anche alimentato la domanda di un maggiore intervento pubblico a cui, nei provvedimenti del Governo, è stato risposto prevedendo maggiori risorse per nuove assunzioni di medici, infermieri e operatori socio sanitari da parte delle strutture sanitarie pubbliche. Negli ultimi due decenni, però, il ruolo del pubblico in ambito sociale e sanitario è stato fortemente ridimensionato: sul lato della domanda è cresciuta significativamente la spesa privata delle famiglie per prestazioni sociali e sanitarie e si è rafforzata la presenza dei grandi player della finanza e del mondo assicurativo; mentre, sul lato dell'offerta, è aumentato il peso dei privati for profit in ambito sanitario e delle organizzazioni non profit in quello sociale.

Per ridefinire un nuovo rapporto Pubblico-Privato bisogna considerare le differenze esistenti tra le imprese for profit che operano nel welfare, concentrate prevalentemente nelle cliniche mediche, nella diagnostica e nelle strutture riabilitative ed in quelle per anziani, e le organizzazioni del Terzo settore e le imprese sociali, impegnate prevalentemente nel welfare sociale ed educativo e nei servizi socio sanitari rivolti a persone con disabilità ed anziani. Nel ripensare questo rapporto bisogna evitare il rischio di semplificare e ragionare per slogan del tipo "tutto pubblico" o "tutto privato" e – partendo dalle differenze esistenti tra attori pubblici, imprese for profit e organizzazioni non profit – costruire un modello che superi la dicotomia pubblico-privato. Realtà pubbliche, imprese private e organizzazioni del Terzo settore potranno intervenire con pari dignità nel finanziamento, nella programmazione e nella gestione degli interventi di welfare, con ruoli e funzioni diversi ma coerenti con le caratteristiche delle differenti tipologie organizzative e con regole stringenti per i finanziatori e le imprese for profit, in modo da evitare speculazioni finanziarie e comportamenti opportunistici da parte degli operatori privati (come accade, ad esempio, in campo sanitario dove in alcuni regioni assorbono buona parte dei servizi più remunerativi lasciando quelli meno remunerativi al pubblico).

La pandemia ha reso evidente la necessità di innovare e potenziare i servizi territoriali e l'integrazione socio sanitaria; questo duplice obiettivo potrà essere raggiunto in modo efficace solo coinvolgendo tutti gli attori che operano nel welfare, a partire dagli enti di del Terzo settore e le imprese sociali. Queste organizzazioni, infatti, come già in passato, possono offrire un contributo importante nella costruzione di servizi alla persona flessibili e modulari (pensati sulle biografie delle persone), che valorizzino le risorse presenti nella comunità e raggiungano l'efficienza gestionale puntando sulle economie di rete piuttosto che sulle economie di scala.

CAPITOLO 23
RIVEDERE IL RAPPORTO STATO-REGIONI

Un secondo elemento centrale per il welfare futuro è la ridefinizione del rapporto Stato-Regioni. Numerosi osservatori hanno individuato nello scarso coordinamento tra il Governo centrale e gli esecutivi regionali uno dei principali limiti nell'affrontare la pandemia di Covid-19. Questa criticità è causata dall'elevato livello di autonomia di cui godono le regioni in ambito sociale e sanitario dopo la riforma del Titolo V della Costituzione e da un non adeguato ruolo di controllo svolto dallo Stato, che in ambito sanitario ha presidiato prevalentemente la dimensione economica e in ambito sociale non ha mai esercitato un effettivo controllo sulle scelte regionali.

L'elevato livello di autonomia delle regioni ha prodotto 22 modelli di welfare regionali caratterizzati da significative differenze che, però, anziché ridurre le diseguaglianze territoriali in termini di servizi le ha ampliate. Alla base del nuovo rapporto Stato-Regioni deve essere posta la definizione, il finanziamento e il rispetto dei LEA – *Livelli Essenziali di Assistenza* – e dei LEP – *Livelli Essenziali di Prestazioni* – in tutti modelli di welfare regionali, con l'obiettivo di ridurre le diseguaglianze tra regioni ed assicurare a tutti i cittadini pari diritti.

I Livelli Essenziali di Assistenza sono le prestazioni e i servizi minimi che il Servizio Sanitario Nazionale è tenuto a fornire a tutti i cittadini, gratuitamente o dietro pagamento di una quota di partecipazione (ticket); i LEA sono periodicamente aggiornati dal Ministero della Salute, l'ultimo aggiornamento è avvenuto nel 2017. Tuttavia, sino ad ora, il controllo dello Stato sulle Regioni non ha utilizzato il livello di servizi assicurati ai cittadini quale principale parametro di controllo, come provano i commissariamenti dei sistemi sanitari regionali avvenuti solo in caso di un mancato rispetto dei parametri economici.

I LEP, invece, determinano i livelli essenziali minimi di prestazioni socio assistenziali che dovrebbero essere garantiti ai cittadini in tutto il territorio nazionale; sono stati previsti dalla L. 328 del 2000 ma non sono mai stati determinati dallo Stato, che in questo ambito ha rinunciato ad esercitare una funzione di coordinamento e controllo.

Dentro questo quadro è importante: prevedere un intervento straordinario dello Stato che permetta alle regioni che hanno un elevato debito sanitario di pagare i creditori in modo da azzerare i debiti pregressi, creando le condizioni economiche per potenziare la rete di servizi; modificare gli attuali criteri di ripartizione regionale del Fondo Sanitario Nazionale e dei Fondi sociali introducendo delle consistenti premialità a favore delle regioni più fragili in modo da creare le condizioni economiche per ridurre le diseguaglianze territoriali; incrementare il Fondo nazionale per i servizi sociali ed educativi ed inserire il potenziamento delle infrastrutture sociali tra gli assi di intervento del Next Generation UE.

La limitata spesa sociale dei Comuni per i servizi sociali se in assoluto rappresenta un elemento critico in questo momento può costituire un'opportunità, poiché un incremento di 5 miliardi di euro dei fondi nazionali destinati ai servizi sociali ed educativi che si aggiungono e non sostituiscono alle risorse già oggi spese dai comuni, associata alla definizione dei LEP, può generare uno shock positivo capace di potenziare la rete di servizi adeguandola ai nuovi bisogni sociali post pandemia; oltre che sostenere la crescita economica e produrre un significativo incremento dell'occupazione, in larga parte femminile. In questo percorso le organizzazioni del Terzo settore e le imprese sociali, lavorando in collaborazione con gli enti locali, possono mettere a disposizione idee,

progetti, competenze ed effettuare, in tempi estremamente rapidi, gli investimenti

necessari al potenziamento del welfare sociale.

CAPITOLO 24
UN NUOVO TIPO DI "COLLABORAZIONE"

La pandemia ha evidenziato il valore strategico della collaborazione e del coinvolgimento attivo dei cittadini per garantire la tutela della salute, mostrando come il benessere collettivo non è il risultato di una sommatoria di prestazioni, ma il frutto di una pluralità di comportamenti coerenti e responsabili. In questi mesi l'intera comunità è stata chiamata a collaborare responsabilmente alle misure di protezione dal Covid-19 rendendo evidente che la partecipazione dei cittadini è uno strumento di cui non si può fare a meno per realizzare politiche pubbliche efficaci.

Questa consapevolezza deve produrre un cambiamento culturale ed organizzativo volto a: ripensare i servizi di welfare partendo dall'idea che il singolo cittadino oltre a essere un utente di prestazioni sociali o sanitarie è responsabile, con le sue azioni, del benessere della comunità e quindi va coinvolto in modo attivo, anche sperimentando su larga scala forme di co-produzione dei servizi di welfare; rivedere il rapporto tra le amministrazioni pubbliche e gli enti del Terzo settore, impegnate nel favorire e rendere concreta la partecipazione civica dei cittadini, mettendo al centro di questo rapporto il principio di sussidiarietà e di collaborazione piuttosto che la concorrenza e la competizione.

Importanti in tal senso sono le novità introdotte dall'art. 55 del Codice del Terzo settore e dalla sentenza N. 131 della Corte Costituzionale che ha riconosciuto e rafforzato gli strumenti della coprogrammazione e della coprogettazione che, utilizzando le parole della Consulta, "favoriscono l'instaurazione di un canale di amministrazione condivisa alternativo a quello del profitto e del mercato". L'applicazione dell'art. 55 è un elemento

71

centrale di un nuovo welfare che punta sulla collaborazione e sulla partecipazione della società civile, in questa prospettiva, come già affermato da Borzaga e Scalvini, le imprese sociali sono chiamate a coprogrammare le politiche pubbliche elaborando visioni, strategie e proposte capaci di cogliere i nodi più rilevanti delle trasformazioni in corso. Sono cioè sollecitate a svolgere un'azione politica mettendo al centro l'interesse generale della collettività nel suo insieme, oltre la semplice produzione di alcuni servizi di welfare o la difesa di interessi particolari. In un sistema di welfare che punta sulla collaborazione e che vuole rafforzare la rete dei servizi territoriali sarà centrale il contributo delle migliaia di cooperative sociali che hanno fatto la scelta strategica di rimanere legate ai territori e alle comunità in cui sono nate e dove si sono sviluppate, differenziandosi da altre realtà che invece, negli ultimi venti anni, sono cresciute partecipando a gare di appalto in tutto il territorio nazionale, competendo più sul prezzo che sulla qualità dei servizi di welfare erogati.

Negli ultimi decenni la cultura, le logiche ed i modelli organizzativi tipici del mercato sono entrati anche nell'organizzazione dei servizi e degli interventi di welfare. Questo processo ha determinato la vittoria del paradigma della competizione sia tra le strutture pubbliche che nei rapporti tra attori pubblici e organizzazioni private; ed ha indebolito gli strumenti a disposizione dei cittadini per esercitare un efficace controllo democratico sia sui servizi sanitari che su quelli sociali.

Nel primo caso, infatti, il management delle strutture sanitarie pubbliche è nominato dalle Regioni, gode di piena autonomia gestionale, e non rendiconta la propria azione ai cittadini che possono così esercitare solo una debole funzione di controllo democratico indiretto sull'operato del management esclusivamente in occasione delle elezioni regionali. Nel secondo caso, dato che la gran parte dei servizi sociali è gestita dai Comuni, c'è una maggiore vicinanza con i cittadini ed in alcuni servizi, come gli asili nido, possono essere previste anche forme di partecipazione diretta dei genitori nella programmazione e nella valutazione delle attività svolte.

Il diffondersi della cultura competitiva, però, ha reso anche i servizi sociali sempre più chiusi e legati al rispetto formale delle norme, dei parametri tecnici e, nel caso di servizi che sono gestiti da soggetti privati, dai contratti che regolano questo rapporto. Nella pandemia i limiti di questo modello sono risultati evidenti. In assenza di una solida cultura collaborativa tra attori pubblici e privati molti servizi di vitale importanza come l'assistenza scolastica ai bambini e ragazzi con forti disabilità durante il lockdown della primavera scorsa sono stati sospesi per mesi, nonostante l'immediata disponibilità delle organizzazioni del Terzo settore a riconvertire gli interventi in modalità compatibili con la necessità di contenere la diffusione del virus. Nel ridefinire il welfare futuro sarà quindi importante lavorare per cambiare cultura, logiche e modelli organizzativi e sostituire il paradigma della competizione con quello della collaborazione.

Note e bibliografia

1. Memoria della Corte dei Conti sul Decreto-Legge n. 18/2020 recante misure di potenziamento del Servizio Sanitario Nazionale e di sostegno economico per famiglie, lavoratori e imprese connesse all'emergenza epidemiologica da Covid-19 (AS 1766), 25 marzo 2020, Roma.
2. Istat (2020), *La spesa dei Comuni per i servizi sociali, Anno 2017*, Report Istat, 18 febbraio 2020, Roma.
3. Costa G., Bassi M., Gensini G.F., Marra M., Nicelli A.L., Zengarini N. (2014), *L'equità nella salute in Italia. Secondo rapporto sulle disuguaglianze sociali in sanità*, Franco Angeli, Milano.
4. Istat (2020), *Rapporto annuale 2020. La situazione del Paese*, 3 luglio 2020, Roma.
5. Pioggia A. (2020), *Diritto sanitario e dei servizi sociali*, Giappichelli, Torino.